有廁出租：
政商共謀的殖民城市管治
(1860-1920)

莊玉惜　著

商務印書館

有廁出租：政商共謀的殖民城市管治 (1860-1920)

作　　者：莊玉惜

責任編輯：李倖儀

封面設計：涂　慧

出　　版：商務印書館 (香港) 有限公司
　　　　　香港筲箕灣耀興道 3 號東滙廣場 8 樓
　　　　　http://www.commercialpress.com.hk

發　　行：香港聯合書刊物流有限公司
　　　　　香港新界大埔汀麗路 36 號中華商務印刷大廈 3 字樓

印　　刷：美雅印刷製本有限公司
　　　　　九龍觀塘榮業街 6 號海濱工業大廈 4 樓 A

版　　次：2018 年 1 月第 1 版第 1 次印刷
　　　　　© 2018 商務印書館 (香港) 有限公司
　　　　　ISBN 978 962 07 5756 3
　　　　　Printed in Hong Kong

謹將此書獻給
先慈及賢姊，還有在地的家人，
感謝常伴我旁。

鳴謝

　　是項出版以本人的博士論文為藍本，得以付梓實有賴論文導師香港教育大學副校長（時任香港大學社會系系主任）呂大樂教授和香港大學社會系副教授田曉麗博士循循善誘的指導。其次，必須感謝各位良師益友耐心的賜教和分享，當中包括華盛頓大學社會系榮譽教授 Gary Hamilton 博士；香港大學建築文物保護課程學部主任、副教授李浩然博士、社會系副教授陳純菁博士、房地產和建築學系客席副教授馬冠堯先生；香港中文大學香港亞太研究所助理所長鄭宏泰博士和歷史系客席教授丁新豹博士。最後，還有余詠薇小姐、香港政府檔案處、香港醫學博物館、東華三院文物館、保良局歷史博物館和香港大學圖書館香港特別資料藏館。

目　錄

引言

政治經濟脈絡
下的公廁

經常在新聞報導中看到地區人士羣起反對興建骨灰龕、焚化爐、堆填區等設施，暫且不評論此起彼落的反對聲是否各家自掃門前雪，但有點可以肯定的是不欲厭惡性設施放在家門外乃人之常情。今天尚且如此，為何 19 世紀時人們竟容得下與臭氣薰天的公共糞廁（只備收集糞便的馬桶，不設沖水設施）毗連而居？究竟當時港英殖民政府是如何提供公共廁所服務的？臭氣撲鼻的糞廁又是怎樣在這個人口密集的小島屹立逾半個世紀及至 20 世紀初？「有食便有拉」，問題雖然很基本卻鮮有觸及，且人們總是想當然地認為殖民政府會引進現代公共衛生設施如水廁，帶領殖民地躍升為摩登大都會。而研究疾病和公共衛生的歷史或社會學學者又往往將重點放在醫院診所，視之為醫治或預防疾病的城市基礎設施（Gogan, 1961; Kisacky, 2017; Lau, 2002; Stanwell-Smith, 2010）。我們不用天天光顧醫院診所，然而大小二便卻是自然生理現象，作為解決普羅大眾的日常需要，顯而易見公廁才是防止疾病和維護公共衛生的最基本設施。隨着城市迅速發展人口高度集中，在家廁未盡普及的年代，公廁絕對是「大部分不富裕人士，慣常和唯一解決日常生理需要的設施。」（Greed, 2003: 32）

　　常常有人好奇地問為甚麼研究公廁？想了解公共衛生抑或殖民現代化（Colonial modernization）？衛生議題固然重要，不過本書的研究並不局限於此，而是更多地觸碰到殖民政府和華

籍地產商在城市公共衛生領域潛藏的政治和經濟張力，如何既競逐城市空間 (Urban contestation) 又合力將公廁商品化，由地產商主力提供公廁服務，為殖民城市管治 (Urban governance) 注入新形態達至殖民共治。將公廁簡單化為衛生設施或將之視為體現殖民現代化的政治象徵，顯然無視在華洋雜處且致力發展地產市場的香港設立公廁的複雜性，交織着種族和階級的矛盾。屹立鬧市，公廁絕對是殖民政府和本地商界競逐城市空間的角力場所，這豈止是純粹的公共衛生命題，更涉及廣泛的政治和經濟範疇（Anderson, 1995; Brunton, 2005; Hamlin, 1988; Jackson 2014; Penner, 2013; Yeoh, 1996）。

公共服務可不一定由政府提供（Milward, 2000; Pierre, 2011），自 1867 年港英政府引入公廁制度，及至 20 世紀初半個世紀以來，政府和商業公廁並行，同樣透過售賣糞便達到自負盈虧。說穿了，公廁實際上是糞便收集站。由於有利可圖，近八成公廁由華籍地產商提供，[1] 他們看準珠江三角洲絲綢生產和國際絲綢市場接軌對高質量糞便需求殷切，紛紛改建自家物業為商業公廁以高價出租作糞便收集站，向珠三角供應源源不絕的糞便。同時，他們策略性地利用土地資源組成「勢力影響範圍」（Sphere of Influence），將公廁安插在自家物業羣中，免遭其他地產商或地主投訴臭味，確保在人口密集的華人社區持續集糞。[2] 更為重要的是此經濟策略帶來政治效果，基於商

業考慮將公廁悉數集中在該社區（區內房屋多不設家廁）以收集更多糞便，[3] 間接協助政府實踐「權力的空間技術」(Spatial technology of power)，將草根階層華人大二小便的需要局限在公廁此特有空間內，從而治理華人公眾便溺的習性，並對殖民地進行空間劃分，在功能上將華人社區劃為廢物處理區，把會散發瘴氣的糞廁封鎖在內 (Andrews, 1990; Brunton, 2005; Hamlin, 1988)，好讓歐洲人社區（即中央區域包括金鐘及中環）不受病菌威脅 (Foucault, [1994] 2001; Glasco, 2010; Zarobell, 2010)。再者，商業公廁的設立大大緩解動用公帑和官地設立公廁的壓力，且排除其他地產商或地主反對政府公廁鄰近其物業而建令價值下降，可能引發的政治衝突，這無疑開啟政商兩界在城市管治上共謀的空間。

利誘商界提供公共服務，為殖民政府解決城市化後所帶來的挑戰，如人口集中疾病頻生，又或城市基礎設施涉及龐大財政支出等，為常見的城市管治模式 (Munn, [2001] 2011; Peng, 2007; Trocki, 2006)。在不干預政策下，透過公共設施或服務本身產生的利潤，以專營權方式批予商界營辦，既可緩解政府財政支出，又免卻介入本地社會引發政治衝突 (Munn, [2001] 2011)。由市場主導城市管治，無疑擴大商界在管治上的角色，複雜化了政府和商界的關係。糞便有利可圖，政府主動介入是項生意，將政府公廁糞便收歸為官產進行投標，收益納入政府

財政制度，一下子糞便屬性變得政治化，並推動了公廁商品化。

另一方面，政府睜一隻眼閉一隻眼將商業公廁糞便專屬權讓予商界，令這項衛生設施屬性變得甚為複雜：既非公共又非私人，或既公又私。商業公廁的設立跨越了殖民政府和本地社會以及政府和商界的雙重界線，挑戰公共服務只由政府提供刻板定型的公共角色（Block and Evans, 1994; Milward, 2000; Pierre and Peters, 2000），並抗衡政府在決定土地用途和重組殖民地空間的話語權，重整兩界在城市管治上的空間關係。隨着資本主義引入香港，開埠未幾殖民關係已歷經變遷，及至 20 世紀初中國辛亥革命爆發，大批華人南渡而來的首八十年，關係從來都不是鐵板一塊，在以物業發展為主軸的氛圍下，政府和華籍地產商結成利益同盟，借助後者的土地資源維持商業公廁服務，為城市管治帶來新形態。正因為此，本書以探討殖民地的政商關係為主，而非純粹的殖民關係。有一點必須強調的是，公廁並非純然為研究政商在城市管治上共謀的媒介，要知其本身並不是項普通的衛生設施，殖民地公廁具獨特功能，負有為政府治理「他者」（Other，意指本地社會）的政治任務，但在城市公共空間內屹立，又少不免與周遭地主以及地產商有所碰撞，商品化後的公廁更形複雜，可以説忽視公廁設立有礙理解殖民城市管治的微觀政治。

有別於其他城市基礎建設，淪為糞便收集站的公廁發出

陣陣臭味，人皆敬而遠之，透過出售糞便達到自負盈虧的政府公廁，所接獲的投訴如雪片，難以持續提供服務。然而，在以物業發展為主導的資本主義下，被商品化為物業投資項目和糞便收集站的商業公廁，憑藉公廁地產商（商業公廁持有者以地產商為主，本書以此名詞概括之）的土地資源卻得以跨世紀經營。因應公廁產生惡臭，地產商手上雄厚的土地資源正好大派用場，組成「勢力影響範圍」確保公廁服務得以持續，間接協助政府維持基本公共衛生和控制華人公眾便溺。他們這項特有本領，驅使殖民政府倚重商業公廁解決衛生問題，為城市公共衛生管治帶來變數（Cottrell, 2004; Milward, 2000; Pierre, 2011），這有助探索手握資源的社會精英如何介入城市管治，並為政治和社會結構增添偶發性（Contingence）（Andrew and Biggs, 2006; Ermakoff, 2015）。

　　傳統觀點假定殖民管治是由具從屬性的政治結構組合而成，意味殖民政府處於結構的最高處，可任意頒佈命令，無須取得本地社會的共識。此論點建基於結構決定主義（Structural determinism），政治結構決定了社會發展方向，嚴重低估人們的介入足以扭轉方向，故而已被很多學者否定（Apter, 1965; Arnold, 1993; Lerner, [1958] 1966; Yeoh, 1996）。的確，公廁的商品化同時為政商創造利潤，共享「公廁經濟」——糞便買賣和土地投資衍生的收益，甚至雙贏的政治效果，互相構建對方的

政治利益。維持基本環境衛生有助鞏固殖民管治，藉此擴大了商界介入城市管治的幅度，促成兩界關係重新洗牌，公廁無疑是研究政商在城市管治上共謀的極好切入點。

　　惟綜觀現有研究並不多涉獵公廁設立所潛藏的政商張力，以及「公廁經濟」如何調節兩界關係令城市管治呈現新形態，促成殖民共治。英國歷史學者 Brunton（2005）在 19 世紀英國公廁研究中，將重點放在政府介入私人領域所觸發的公私領域抗爭；而對地理政治素有研究的 Yeoh（1996），在新加坡研究中論述殖民政府對本地社會使用公廁存在的種族偏見，認為後者缺乏公共衛生概念，會導致水廁淤塞危及衛生。可見公廁豈止是一個空間，且涉及各個持份者對決定土地使用的權力關係，在香港我們看到一個更饒富有趣的現象，政商合力將公廁商品化，形成相互依存的利益同盟，各取政治經濟利益。就這點，上述兩位學者的研究方向與本書截然不同，強調的是私人領域又或本地社會與政府的對抗，筆者則認為共謀不一味將政商關係二元對立，較諸抗衡或階級性關係更能捕捉兩界動態，有助理解互惠互利政商關係的形成和商界在城市管治中的角色。當然筆者清楚明白這些商品化的公廁臭氣沖天，大有政商勾結、謀求自家利益犧牲公共衛生之嫌，但本書採用「共謀」一詞，原因是「勾結」語帶負面，很容易將討論焦點朝向零和之爭（Zero-sum competition）——政商勾結妄顧公眾利益，而未能正視商界

從協作中擴大參與城市管治的範圍，政府則有效利用商界資源維持公共衛生，各取政治利益以及令關係重新洗牌，更能呈現兩界在城市管治上的動態性。

的確有不少研究探討地產商或地主在社會操控或城市發展上的角色（Migdal, 1988; Skocpol, 1979; Thompson, [1963] 1969）；然而並沒有旁及公共衛生管治，討論地主階級在其中的角色，又或進一步探討土地權力促進性一面（Facilitating aspect）在城市基礎設施如公廁建設上的重要性，遑論這如何促成政商共謀城市公共衛生的管治。有別於採用傳統論述將重點放在土地權力的牽制性一面（窒礙公共衛生的執行），是項研究嘗試由土地權力的雙重性（牽制性和促進性），探究華籍地產商和政府在城市空間上的競逐，公廁地產商如何兩手把玩雄厚的土地資源，一手抗衡和牽制政府公廁，另一手促進和持續商業公廁，結果促使政府和他們結成利益同盟。土地資源控制權有助維持商業公廁服務，間接維護基本公共衛生，雖然這純粹為副產品，但無論如何，公廁地產商展示了在新政治經濟格局下，土地資源在城市公共衛生建設上具有支配地位，既維持基本公共衛生有助鞏固殖民管治，又擴大商界介入城市管治的範圍，相互構建對方的政治利益。

當土地資源變成政治資源，即是說土地資源操控是政治權力的源頭，讓商界得以和政府保有協商關係甚至重整兩界關

係，令殖民城市管治出現多重變異。第一，公廁在種族和階級矛盾相互交錯下形成：公廁主要由華籍地產商提供，在利潤驅使下全集中在華人社區，有助政府治理草根階層華人公眾便溺；第二，重疊空間的形成：公廁同時肩負控制華人和累積利潤的功能，匯合政府和地產商的私人利益，打破殖民城市空間的二元對立；第三，重整空間關係：華人地主階級的冒升令殖民政府不能隨心所欲擺佈城市空間，凸顯在政治和經濟張力下其重組空間的權力受到限制，殖民地不是布景板可任意操控，而是政府和本地社會在重重協商下共同營造的空間；第四，殖民城市空間的質變：政府和商界辦的公廁服務均依靠出售糞便達到自負盈虧，後者更以高價出租，原擬向華人灌輸公共衛生概念的公廁被轉化為商品空間，由市場導向；第五，突破固有公共角色：跨越殖民者和被殖民者以及政府和商界之間被刻板化的公共角色，一方為服務施予者，另一方為被動接受者；第六，殖民共治：基於政治及經濟考慮，政府對公共衛生採取不積極介入態度，讓持有雄厚資源的本地社會精英乘勢而起，解除其他地產商對政府公廁選址的挑戰，為政府排難解困，自然獲青睞晉身夥伴之列結成利益同盟，擴大介入城市管治的幅度甚而和政府共治，突破殖民者和被殖民者二元對立且從屬的傳統殖民關係。

　　為了更好地理解政商在城市管治上的政治經濟張力，是項

研究將採用社會經濟學 (Political economy) 視角為理論框架，結合經濟制度、土地資源和資源精英三項元素，探討商業公廁如何在以物業發展為主軸的資本主義下，被商品化為物業投資項目以及糞便收集站，更荒謬的是倚仗華籍地產商的雄厚土地資源，「總有一家係左近」的商業公廁在這個人口密度極高的城市，成功提供逾半個世紀的服務。這些噁心的糞廁罕有接獲投訴，緩解殖民政府提供政府公廁的壓力，並化解政府和其他地產商在城市土地角逐中所潛藏的政治衝突。華籍地產商的冒起無疑為殖民管治帶來新挑戰，但他們享有的雄厚土地資源同時讓政府以茲利用，夥同提供公共服務，形成政商共謀令城市管治形態有所轉變，故此本書將以此類地產商為研究對象，探討土地資源如何賦予他們在公共衛生建設中享有關鍵的結構性位置，確立和增強其參與城市管治的角色。

註

1　商業公廁於 1868 年大規模地投入市場後迅即成為主要公廁模式，及至 19 世紀末為維多利亞城（Victoria City）供應百分之七十五的廁格，共涉及十九所公廁。HKRS 38-2, *HKRB*,1865-1920; *RUUA*, 1899。本文將商業公廁界定為由商界提供的公廁，不論階級及種族，任何人也可使用。但部分公廁收取使用費，其「公共」定義值得商榷。該城為香港開埠後首個設立的城市，覆蓋現在香港島的銅鑼灣至堅尼地城，即由港島中部延伸至西部。

2　華人社區範圍涵蓋現在港島東部的灣仔和銅鑼灣，以及西部的西環，西營盤和堅尼地城，華人大多聚居在西部。

3　HKRS 38-2, *HKRB*,1865-1920.

第一章

公廁商品化下的
城市管治

現代公廁主要為水廁，除了政府提供外，不少設在食肆或商場的公廁均由商界興辦，供人們免費使用。回顧百多年前，公廁建設是項十分艱鉅的工程，這並不獨指工程技術——渠務系統是否完備又或水供應是否充足，更涉及社會工程——人們對公共衛生的認知，而在殖民地又難免觸碰到文化衝突。這衍生一系列問題：殖民地公廁的現代化，政府和本地社會被刻板定型的公共角色，以及種族間對公廁的不同理解在公廁建設過程中被矛盾化。在這些老問題上，本章進一步探討備受忽略的「公廁經濟」——糞便和租金收益，如何撮合殖民政府和華籍地產商共謀公廁商品化。其實，在「小政府」的城市管治方針下，公廁以商業模式運作不是新鮮事，在 20 世紀初前的亞洲殖民地以至歐美均甚為普遍，讓財困的政府得以維持基本公共衛生 (Evans, 1987; Hamlin, 1988; Macpherson, 1987; Melosi, 2005; Peng, 2007; Shi, 1996; Wohl, 1983; Yu, 2010)。惟這些研究並沒有探究商品化的公廁對城市管治帶來甚麼影響，所以本章會將地產商的土地資源結合公廁建設，透過三個疑問剖析政商共謀公廁商品化，探索城市管治形態的轉變，透視殖民共治的模式。

三大疑問：衛生現代性、公共角色階級性、 公廁服務持續性

糞廁取代水廁

疑問一：如果衛生現代性（Hygienic modernity）是殖民現代性構成的主要元素，為何港英政府對提供公共水廁表現遲疑？究竟政府在城市公共衛生建設上抱持甚麼管治原則？由啟蒙主義發展而來的現代西方理性（Western rationality），標誌着新社會秩序——科學精神、樂善好施、進步、文明。而文明水平又不獨講求科技先進，更繫於人們的舉止和態度。德國社會學家 Elias（[1939] 1978）提出開啟文明水平的鑰匙，在於是否具備控制身體不文明行為，如擤鼻涕或在公眾場所便溺等的意識。按此而言，能夠保持衛生被標示為現代／西方文明的印記，重點又豈只是衛生，不文明更會令國家民族走向倒退（Benedict, 1996; Rogaski, 2004; Thomas, 1994）。自從達爾文的《物種起源》一書於 1859 年出版後，社會達爾文主義（Social Darwinism）被奉為種族主義教條，高舉白種人為優等種族，注重道德教化，以凸顯不良習性導致有色人種的民族墮落，在種族競賽中被淘汰。簡而言之，西方理性是重新建構世界秩序的靈丹妙藥；反之其他文化，尤其是殖民地則固守傳統落後不變，永遠不能自我實現現代化。

在這二元框架下，將西方合理化為引進現代化至東方（尤指殖民地）的媒介。美籍土耳其裔歷史學家 Dirlik（2003: 279）說得更明確，「現代性可不是一件東西，而是一種關係」用以區分殖民者和被殖民者。顯而易見，殖民現代化要凸顯的是二元對立：殖民管治引領殖民地通向光明，擺脫落後的傳統。儘管此等西方霸權（Western hegemony）論的證據有欠充足，美國歷史學家 Headrick（2010）仍然堅信，污水處理和食水供應系統等基礎城市設施為英國殖民政府給殖民地留下的寶貴歷史遺產，在香港和印度的加爾各答攀升為現代大都會上作出重大貢獻。

擁有先進公共衛生概念及技術一向被認為是西方得享霸權地位的關鍵因素，隨着殖民擴張而廣向全球傳播。這可是美麗的誤會，在水廁技術未達標和社會潛藏張力下，殖民政府並不主動改善殖民地的公共衛生，更沒有保證會引進衛生現代性。對於 Headrick（2011）提出，提供公共衛生被視為帝國殖民擴張的重要工具，Arnold（1993）不表認同，反駁工具也有級別之分，有關設施的提供會為殖民政府帶來沉重的財政負擔，而介入本地社會的日常生活，一個不好說不定會觸發政治衝突，故此其作為殖民工具的次序遠遠墮後。

劉兆佳（Lau, 1982）進而提出政府不願介入衛生建設的政治原因是奉行不干預政策，尤其當經濟資本掌控在本地社會精英手上時，政府竭力與本地社會的日常生活保持距離，避免

引發衝突。他形容隔離式的殖民關係為「邊界意識」(Boundary consciousness)，在此考量下「官僚們無意重整社會，既不講求國家行動主義 (State activism)，亦不對本地社會作不必要介入，這成功地令本地社會去政治化及消除未能解決但又顯著的殘餘問題」(同上，頁 19)。無獨有偶，香港史專家 Endacott ([1958] 1973) 和香港政治學者 Scott (1989) 也提出，殖民政府僅扮演守夜人 (Night watchman) 角色，責任局限在特有主要事項上。長年留守埃及的美國歷史學家 Tignor (1966) 更對英國管治下埃及發展步伐不一致大肆抨擊，城市公共設施的建設和改善完全取決於殖民政府的政治議程，令其效益遠遜於能為庫房進賬的經濟項目如港口發展，故此不見得殖民管治對殖民地的衛生現代性有多大提升。對於此，英國地理學家 McFarlane (2009) 大表贊同，批評殖民政府對商業設施投入的力度遠多於城市公共衛生基礎設施。

久而久之，「邊界意識」及不干預政策被廣泛用以解說殖民政府疏於公共服務的金科玉律，卻鮮有對西方國家提供現代化城市基礎設施的能力作出質疑。傳統觀點認為殖民地由傳統社會轉化為現代社會歸功於殖民政府的說法，難以令人信服，更未能掩蓋殖民地的基本衛生得以保障全賴透過售賣糞便的事實 (Dudgeon, 1877; Li, 2009; Rogaski, 2004; Xue, 2005; Yu, 2010)。很明顯糞便買賣有助維持環境衛生，而只要進行些微改動，如

以鍍鋅的鐵製糞桶取代行之已久的木桶，此中國傳統收集糞便的方法，就可在香港如常運行至 20 世紀中。[1] 有指現代和傳統重疊乃權宜之計，減少對傳統文化的衝擊，達到維持殖民管治的目的，尤其適用於奉行不干預政策或複雜政治經濟形勢（Eisenstadt, 1966; Tignor, 1966）。而 Yeoh（1996）則提出，基於興建現代化公共衛生設施如水廁涉及龐大渠務工程，且斥資頗巨，新加坡殖民政府以本地社會民智未開，人們把各種各樣的垃圾往水廁內沖，形成污水渠淤塞為由，沿用糞廁制度。

　　誠然上述論點反映了殖民當局在提供城市公共建設上的局限，惟它們仍然抱持西方在衛生現代性上佔有霸權位置的觀點，只有很少學者對此提出異議（Gandy, 2006; Hamlin, 1988; Prashad, 2001; Rogaski, 2004）。其中 Prashad 提出英印殖民政府深明那套標榜西代現代技術的渠務系統，又或焚化爐和垃圾收集車的技術水平均未符理想，為保殖民政府的衛生霸權形象，借口財政困難和歸咎社會觀念保守窒礙先進技術的推行，故惟有改採以勞動力密集方法聘請大量清潔工解決城市衛生問題。而 Rogaski 則指西方列強的現代衛生水平並不見得較諸 19 世紀時處於半殖民地的中國高出很多，只是前者採用有系統管理方法，如規管垃圾收集時間等，達到環境有所改善而已。余新忠（Yu, 2010）在上海租界的糞便收集研究亦見英政府實行類似的管理方法。

其實，只要細看西方社會尤其是香港前宗主國英國的公廁發展，上述被想當然的西方衛生霸權論不攻自破，似乎「摸着石頭過河」更能貼切描繪其在 19 世紀時基礎衛生設施的發展水平。雖然公共水廁早於該世紀中葉在歐洲投入服務，卻遇有不少反對聲音，主要是未符技術水平以致沉積物易於積聚，產生瘴氣危及健康。有統計數字指，由於水廁系統將疾病、污水、食水連接起來，引發的疾病感染率相較糞廁超出六倍之多。[2]及至 20 世紀初，歐美不少河道如英國泰晤士河、美國密西西比河和德國漢堡港相繼淪為延伸的糞池，糞便經污水渠流入，嚴重污染水質（Evans, 1987; Frazer, 1950; Melosi, 2000）。這令公共衛生專家對水廁大為卻步，反之對糞廁廣為推崇。英國首位衛生專員 Edwin Chadwick 在衛生報告中，亦對未達技術水平的水廁所引發的污染問題表現憂慮，「整個現代污水及水廁系統都不甚妥當，還是沿用傳統糞廁為妙」（Chadwick, 1997: 638），於是已建成的水廁陸續被拆卸，新水廁計劃則無限期押後。

顯然，崇尚現代西方優於傳統東方的論調站不住腳。英國公共衛生歷史學家 Wohl（1983: 95）為我們拆解西方霸權幻象的形成：「公共衛生的歷史學家或許過分聚焦於 1860 年代英國倫敦的污水渠創建……忽視了及至維多利亞女皇當政最後階段，對大部分該國人民而言，水廁仍然是遙不可及的事實。」與殖民地沒有兩樣，當時歐美國家同樣透過售賣糞便而令環境

保持基本衛生（Chadwick, 1997; Evans, 1987; Hamlin, 1988; Melosi, 2000; Wohl, 1983）。[3]

　　談起殖民地的公共衛生建設，往往被概括為殖民現代化的宏大項目之一，展現殖民政府的現代性，以現代化設施或處理方法處理急速城市化衍生的新挑戰，如疾病迅速蔓延及人口過度集中（Yu, 2010）。就如歐美，及至 20 世紀初殖民地的衛生也是透過糞便售賣而得以維持。港英政府與商業公廁地產商在糞便和物業發展上的共同利益，以及在城市空間競逐上潛藏的張力，對水廁遲遲不獲推行以及城市公共衛生管治的邏輯帶來甚麼影響，一直沒有受到多大注視。[4]

　　根據文獻紀錄，港英政府直至 1867 年始提供公廁讓香港普羅大眾使用，[5] 距離殖民管治開展剛好達四分之一個世紀；更不堪的是這些廁所全為糞廁而不是我們今天熟悉的水廁，臭氣薰天，完全談不上衛生現代性。再者，政府建廁乏力，這些被界定為公共衛生設施的空間不一定由政府提供，只要每月繳納每個廁格 60 仙（港幣，下同）的稅項，任何人也可營運商業公廁。[6] 這些公廁的蓬勃發展，乃是乘着廣東省珠三角洲的絲綢生產及工業發展而來。1842 年中國於鴉片戰爭敗北後被迫開放沿海商埠，自此國內絲綢工業大規模地與國際絲綢市場接軌，該洲亦於 1860 年代中一躍而為南中國絲綢重鎮，遍地種桑養蠶（廣東省地方志編纂委員會，2004；So, 1986; Wong, 1995）。

與茶葉齊名，絲綢同為當時中國的主要出口商品，這自然對蠶蟲及桑葉質量有頗高要求，連帶對品質優良的香港糞便需求甚殷，[7]精明的香港糞便承包商靈機一觸，在港以高價收購糞便，並以翻幾番的價錢在內地轉售（Chadwick, 1882; *RUUA*, 1899）。全球經濟發展對中國絲綢業的影響，連帶掀動對香港糞便的需求，足見環球經濟一體化的影響（Wallerstein, 1974），跨越中港兩地的糞便貿易網絡隨之在該年代尾展開，港產糞便經水路運送到珠江三角洲的絲綢生產基地順德。[8]

更為有趣的是在殖民主義擴張下，殖民地的城市面貌也受到全球經濟左右，香港糞便貿易和中國絲綢工業及國際絲綢市場串連一起，在港發展出遍地開花的商業公廁網絡。糞便有價有市，糞便投機倒把吸引了港商大舉進軍商業公廁市場，競價租賃物業經營公廁收集糞便，再售予承包商。由於奉行高地價政策，土地有限度供應，致使地價持續高企，在豐厚的糞便及租金利錢驅使下，1868 年起坐擁雄厚土地資源的華籍地產商紛紛改建物業出租為公廁，賺取較諸住宅高逾百分之十五至二十的租金回報，其時錄得二十多所商業公廁。[9]不難想像，由糞便承包商、公廁營運者和公廁地產商組成的利益集團，徹頭徹尾地將公廁由公共衛生設施淪為糞便收集站及地產項目。儘管如此，這類商業公共糞廁卻為早年香港主要的公廁模式，服務時間橫跨半個世紀及至 20 世紀初。

糞便貿易對城市公共衛生設施產生四項重要政治經濟影響。第一，在市場主導下，政府及商業公廁均由衛生設施淪為糞便收集站，令廁所環境和公共衛生嚴重惡化；[10] 第二，經濟觸覺敏銳的糞便承包商看準糞便有利可圖，啟發殖民政府於1869 年設立糞便投標制，將政府公廁及政府建築內員工公廁的糞便作暗標競投，讓公廁服務達到自負盈虧，不涉公帑。[11] 政府直接介入經濟活動成為上述建築物內糞便的擁有者，徹底改變糞便屬性，由私人資產搖身一變為官產，並將之併入政府經濟制度內，在 19 至 20 世紀初其收益約佔年均收入一個百分點。[12] 這令糞便價值變得政治化，其一成為政府和商業公廁賴以提供服務的關鍵因素，其二糞便和公廁經濟促使政商兩界結成利益同盟；第三，珠江三角洲絲綢生產對糞便需求與其肥料價值掛鈎，營運者以消毒糞便將大減其價值令需求驟降，危及商業公廁服務的持續性，抗衡消毒要求。為了令有關服務得以持續，商業公廁營運一方佔盡上風，政府以這些公廁內的糞便為私人資產，無權干涉為由，並不強制糞便消毒，為營運一方省回不少消毒物資的花費（RUUA, 1899），更讓營運者以此為有力武器與政府進行政治角力。此舉顯然為商業公廁營運大開綠燈，並為其成為主要公廁模式奠下基礎，對城市公共衛生管治帶來深遠影響；第四，政府和商業公廁服務均與珠江三角洲絲綢生產和國際絲綢市場息息相關，令此小島的公廁服務受到

環球經濟左右。當絲綢發展蓬勃，糞便需求水漲船高，在經濟誘因下商業公廁營運者紛紛投入公廁市場；花無百日紅，當 20 世紀初發展勢頭逆轉（So, 1986），需求應聲而下，掀起商業公廁倒閉潮。[13] 同以糞便售賣為經營模式的政府公廁亦不能倖免，最終迫使政府負起其應有的公共角色以公帑提供公廁服務。[14]

土地資源在城市公共衛生管治中的關鍵

疑問二：為何淪為糞便收集站的商業公廁竟能持續提供服務，並過渡至 20 世紀初？土地資源在城市公共衛生管治中有何重要性？在這裏「持續」蘊含兩項表現指標：長時間在同一地點提供服務和免予投訴。在高地價政策下，要找一處讓大部分人滿意的公廁選址肯定是高度城市化下香港遇到的重大難題。那就更令人費解為何商業公廁有效實現持續性，在同一地點持續經營數十載？或許有人會說因為服務頂呱呱，尤其當物業價值和社區環境衛生息息相關，依賴物業收入的政府和地產商樂於搭乘此趟順風車享用免費服務，默許這些公廁在自己社區內設立。按此推論，政府公廁所提供的這趟順風車理應同樣得以持續運行，現實是這類公廁不單未能持續提供服務，且經常遭到地產商或地主投訴；[15] 相反商業公廁卻大都安然無恙渡過半個世紀。對於此，又或許會說由於廉價房屋不設室內廁所，增加對公廁的需求，因此政府在無可奈何下被迫接受。上述兩項觀

點將公廁得以持續的背後因素解讀為政府推行不干預公共衛生政策（Lau, 1982），又或「被商界綁架」（Business capture）屈服於商界利益下（Glasberg, 1989）。

雖然政府和商業公廁同樣衛生有欠理想，惟獨前者遭到投訴，且幾近全來自地產商或地主，這為我們提供了一個重要線索，反證坐擁土地資源控制權是抗衡自家公廁被投訴及持續商業公廁的決定性因素。的確，在實證研究中不難發現商業公廁毗連的物業幾乎全為公廁地產商所有，圍繞着公廁形成一圈圈的「勢力影響範圍」，儼如罩上保護傘，有助遏制來自其他地產商的投訴和有效持續公廁服務。由不同公廁地產商擁有的「勢力影響範圍」更具高度重疊性，這些有趣發現引領筆者至從未被觸及的畫面。這啟發筆者提出土地資源控制權為商業公廁服務得以持續的構想：華籍地產商在物業發展為主軸的資本主義下冒升，策略性地運用手上的土地資源遏抑公廁投訴從而令服務得以持續，而非取決於公廁的高效能。

為了解構這個奇怪現象，須先行簡單了解糞便售賣在性質上出現了甚麼變化。有關售賣在中國已有數個世紀之久（余新忠，2014；Xue, 2005），但糞便投標制卻是由港英殖民政府確立，這不獨將糞便買賣進一步商業化鼓勵糞便投機，有悖公共衛生理念，更甚是將糞便變成官產，關係到庫房收入。以市場為主導，遑論政府或商業公廁均衛生有欠妥當，嚴重危及公

共衛生（Chadwick, 1882; *RUUA*, 1899），公廁衛生欠佳影響鄰近物業價值，自然觸及地產商的神經線，反對建廁聲音往往成為政府在公廁選址上最大的難題。在此情況下，政府公廁數目增長緩慢，及至 19 世紀末至 20 世紀初在維多利亞城的服務佔有率僅維持在百分之二十五（*RUUA*, 1899）；相反，商業公廁地產商成功維持服務，並將此類公廁打造為主要公廁模式。這在在透視其他地產商的投訴是影響兩類公廁持續性的關鍵，究竟具備土地資源在決定城市公共衛生建設上具有甚麼支配性地位？他們強而有力的政治經濟權力是如何形成的？在哪個層面上有別於其他本地社會精英？

甫於 1842 年開埠，隨着以物業發展為主軸的資本主義引入香港，地產市場旋即被制度化，產生一系列新資源和權力關係，其中帶來華籍地產商的崛起，令政府在城市管治上享有的霸權受到挑戰。某程度而言，採取此類資本主義令政府無法免於這些土地資源操控者的挑戰，關鍵在於他們豈止具備資本，在高地價政策下土地資源彌足珍貴，握在少數人手上，自然在政治和經濟上享有其他本地社會精英所沒有的優勢。在新經濟格局下，華籍地產商累積大量土地資源，權力亦獲得相應增強，賦予他們在公共衛生發展上和政府議價的能力——爭奪城市空間如何使用的控制權，並左右有關發展，甚或利用其轄下的土地資源執行某些公共功能，突破殖民政府和本地社會以及政府和

圖 1.1 為了緩減與物業持有人就公廁選址的爭論及把地面土地用作商業發展，政府公廁於 20 世紀初轉向地下發展，建於 1913 年的威靈街地下公廁是現今唯一仍然提供服務的其中一所。

商界的二元公共角色分配。正如社會學學者梁啟平提出權力源於資源控制，資源愈多，對政府政策影響力愈大。他（Leung, [1990] 1992: 24）注意到「這些資源操控者的權力和影響力來自於他們在經濟及社會上的優越地位。所以，即使背後沒有具號召力的政治團體撐場和羣眾支持，甚而未獲邀就政府政策進行商議或共謀，這些人仍足以對有關政策施以影響。」

抱有類似觀點的還有 Polsby（[1963] 1980: 5），他表示：「權力是指一個人幹了某些事情後能夠影響另一人，扭轉未來大有可能發生的模式」，將權力等同於影響力和控制權。將資源控制權和影響力聯繫起來，尤適用於解讀香港殖民早年形勢——伴隨着土地資源控制權而來的財富和社會地位，組合而成華人的土地權力，這讓坐擁充沛土地資源的華籍地產商在公共衛生建設上具支配性地位，有權決定誰享有設施和設施所在地（Chu, 2013; Endacott, [1958] 1971; Smith, 1971; Yip, 2012）。

其實，有很多研究早已注視到土地資源為華人的政治資本，在香港公共衛生發展上具重要性。本地社會精英大都染指地產市場，每當衛生政策不符合物業發展利益，他們會毫不猶豫挑戰政府以圖重塑政策。政商關係之所以在政治及經濟上存在張力，內含一個信念，就是在地產市場作出積極投資的華人被視為政府金主，皆因他們所繳納的土地稅為殖民早年政府主要收入，絕對是政治穩定和經濟繁榮的支柱（AJPH, *HKGG*,

7 February 1882）。Endacott（[1958] 1973）探討他們如何和政府在公共衛生以及物業發展上形成緊張關係，而葉家策（Yip, 2012）和 Benedict（1996）則形容這些地產商自私地追求利益，嚴重窒礙現代衛生政策的推行。與不少學者一樣，朱慰先（Chu, 2013）的研究顯示華籍和歐洲籍地產商在土地投機活動上存有共同利益，她表示這在政治上為政府執行公共衛生政策添加重重阻礙，這不僅是種族衝突問題，更涉及階級因素。

綜觀而言，上述各個不同觀點均抱持同一結論，就是地產商在公共衛生建設上施以阻力，牽制政府提供有關服務。一般相信地產商具備的權力具破壞性且危及公眾利益，因為當權力操控在一小撮人手上時，便可任意謀求自家利益（Harvey, 1982; Polsby, [1963] 1980）。由於將焦點放在行使土地權力的牽制性上，這些研究視地產商為公共衛生政策執行和改善的絆腳石；可是這種負面視角模糊了他們所能運用的資源和策略，未能區分土地資源和其他資源在城市管治上產生截然不同的影響，致使忽視了運用土地權力所存在的雙重性——既可牽制有關設施的提供，也可起着促進作用。

雖謂這兩個迥然不同的切入點均賦予地產商分享政府權力的機會，但牽制設施發展顯然是一拍兩散，將政商關係置於零和競賽中，相反行使土地權力的促進性一面則能將兩界引領至合作關係，產生建設性效果。誠如傅柯（Foucault, 1978: 36）所

說：「如果權力除了具壓抑效果，甚麼也不是；如果它除了說不，不能成就任何事，你真的相信我們還應設法遵從它嗎？」他認為權力也具建設性，譬如生產東西及終止戰爭。

　　除了提供土地興辦商業公廁，為政府省回不少土地及公帑，公廁地產商更透過「勢力影響範圍」以政治方法成功維持公廁服務，並免卻政府與其他地產商在公廁選址上的談判。這方法所以行之有效乃拜殖民早年特有的政治經濟格局，以土地權益為核心的政治氛圍所賜，不獨取決於公廁地產商的土地控制權，還有其社會精英身份（與土地擁有權緊密相連）甚至和其他精英之間的關係。雖則原意並不以公眾利益為出發點，商業公廁服務的持續性確有助維持基本公共衛生又或令衛生不會過度惡化，可以說這是行使土地權力促進性一面所帶來的建設性效果。必須強調的是這裏所指的促進性並非褒義詞，談不上以公眾利益為依歸，說穿了這其實是公廁地產商在城市空間競賽中使出的策略，旨在維護自家公廁利益和物業價值，促進公廁服務徒為間接效果而已。

　　可以說，巧妙地運用土地權力的雙重性是華籍地產商營辦商業公廁的策略，一方面牽制政府公廁服務，另一方面又促使商業公廁服務，令商業公廁「總有一間係左近」，並成功跨越至20世紀初。又如傅柯（Foucault, [1994] 2001: 346）所言，權力是透過策略表現，他認為策略有三個操作方法：「第一，為想

要獲取的結果度身訂造方法，這是理性操作的問題；第二，設定在競賽中對手的表現，建基於因應他認為其他人該會怎樣表現，同時考量他人會如何想像他的表現而作出應對，這是試圖尋求優勝於他人的問題；第三，制訂競賽程序，先發制人，剝奪對手可採用的抗爭方法及迫使其放棄鬥爭。」策略使出自有目的可圖，筆者將不光從負面角度研究地產霸權下政商關係的轉型，商人牽制政府在公共衛生服務上行使權力，還更多地從土地權力運作的促進性角度作出探討，怎樣促使政商在城市公共衛生管治上合作？是項政商共謀又具備甚麼特性，並如何確立其協作模式？

政商共謀的公共衛生管治

疑問三：為何大部分公廁（被譽為殖民政府衛生現代性的政治象徵，普遍認為應由政府提供以謀求公眾利益為目標）是由本地商界提供而非殖民政府？為甚麼政商兩界緊扣一起共謀城市衛生管治？在廁所和渠務技術未達標以及財政和種族壓力下，糞廁被視為其時解決衛生的最佳選擇，惟糞廁要在人口密集和城市土地資源匱乏等挑戰下提供服務，確是一大難題。顯而易見，能透過土地資源持續商業公廁服務的公廁地產商，自然成為政府賴以解決公共衛生的夥伴。的確，可觀的糞便利潤和租金是驅使華籍地產商出租物業作商業公廁的原動力，而這

類公廁亦成為 19 世紀中至 20 世紀初香港公廁的主要模式。如前所述，1899 年維多利亞城內百分之七十五的廁所服務全由商業公廁提供。此等公廁在城市公共衛生上存在複雜屬性，既非全公共又非純私人，同時既是公共又是私人：本地商界運用私人物業負起公共功能。可以說地產商看準政府對華人社區惡劣衛生危及殖民地存亡的恐懼，對廁所衛生縱然未符理想，但又能協助維持最基本環境衛生的商業公廁，採取放任態度，近乎壟斷公廁生意。對商家而言，公廁只是資本主義下被轉化的商品空間，有利可圖；而政府亦樂見商界出錢出地建廁，省卻公帑和官地（Milward, 2000）。而最重要是商界能夠維持公廁服務，管它用甚麼方法，起碼替政府完成「不可能的建廁任務」。

以此思維策劃衛生服務，不難想像政府為何形成對商業公廁在功能上的依賴，最終促使政商共謀將公廁商品化。雖則政商兩界的夥伴關係並不怎麼合拍，但在新經濟格局下「公廁經濟」產生了重要政治效果，這小小空間起着調節殖民政府和地產商對城市空間使用的權力關係。有兩點必須指出的是，殖民政府並不熱衷於將公共衛生服務納入政府議程；另一方面，本地商界常夥拍政府提供公共服務。殖民政府並不必然肩負公共角色提供公共服務，對在新經濟格局下政商共謀的城市公共衛生發展有莫大意義，此書將研究重點放在公廁項目上的政商共謀，透過研究華籍地產商設立和成功維持商業公廁服務，探討

在以物業發展為主軸的資本主義下，建基於土地資源的共謀模式如何將政商緊扣一起，互相構建對方的政治利益——鞏固殖民統治及擴大商界介入社會政策的範圍，對城市管治帶來甚麼新形態。

標榜西方霸權，將殖民主義等同現代化，假定威武強勁的殖民政府必定將衛生現代性引進至殖民地，這種充斥着殖民家長主義（Colonial paternalism）的論述，為殖民政府和本地社會配上從屬性的公共角色（Headrick, 2010; Ho, 1978; Perrins, 2005; Yeo, 2008）。此等觀點亦獲得中國學者余新忠（Yu, 2010），長年研究中國衛生問題的學者 Macpherson（1987）和 Rogaski（2004）的認同，對殖民政府改革上海和天津兩個通商港的食水系統和糞便收集方法大為讚賞，並謂此舉為中國引進現代公共衛生思想。雖謂如此，後兩位學者注意到本地社會精英抱持合作態度對改革得以成功推行具有正面作用；可是，余新忠似乎只是簡單地將被動受助者角色套在被殖民者頭上，片面強調紙樣改革，高估政府能力和改革的有效性，無視在現代化過程中殖民政府和被殖民者之間的張力。

隨着第二次世界大戰結束展開的非殖民地化（Decolonization）運動，吸引很多學者為殖民地現代化里程「埋單計數」，結果大多有所保留（Ho, 1978, 1984; Perrins, 2005; Yeo, 2008）。舉例説，Perrins 指日本殖民政府在中國滿洲推行的衛生政策僅限於展現

自家現代形象。雖然這些研究對滯後的現代化里程大肆抨擊，但其分析框架仍然以歐洲中心主義（Eurocentrism）為核心，將殖民地和被殖民者視為殖民政府任意把玩的工具，謀求帝國利益。其他學者修正了此等簡單化地將公共角色冠以刻板定型的演繹，提出一套相較成熟的觀點——將「他者」概念和西方霸權連在一起。雖然薩伊德（Said, 1978）的東方主義（Orientalism）和傅柯（Foucault, [1994] 2001）的國家治理性（Governmentality）等論述並沒有旁及殖民現代化，但卻激發殖民地和被殖民者的病態性（Pathology）討論。通過此概念，病態論述將被殖民者概念化為患病的身體，而殖民地則染有社會病態，以圖合理化殖民者佔據殖民地乃為道德征服，理順接着而來為其引進現代化的崇高角色。

可是這些論點仍然高估政府施展霸權的能力，另一方面又低估了被殖民者的角色，不少學者如 Arnold（1993, 1994）、Kidambi（2007）和 Yeoh（1996）均對殖民政府存在絕對高的國家能力（State capacity）視為理所當然的觀點不表認同，他們指西方霸權並不能純然倚仗暴力、知識和文本表現（Textual representation），還有賴於取得被殖民者的共識，並獲得其充分合作始予以實現，對批判從屬性關係的論述具啟發性。Arnold（1994）提醒說，被殖民者可不是被任意操控的工具和物件，「身體殖民化」（Colonization of body）是他對殖民關係和權力提

出的新理解，身體既是衛生現代化過程中殖民者向被殖民者施以權力的場所，也是後者對抗前者的角力場所。在印度 1896 年大瘟疫研究中，Arnold 注意到本地社會對殖民政府作出的挑戰和後者的局限——未能在前者予以首肯前強行向他們進行防疫注射。超越一般對本地社會抗爭的零和權力論述，從協作角度而言，他提出只有政府作出讓步換取合作才能貫徹執行公共政策。顯而易見，現代化不能機械式地引進殖民地，因為被殖民者絕對不是默不作聲的被動接受者，他們集抗爭者和夥伴於一身，在殖民政策上扮演着活躍角色。

　　研究衛生現代性的學者進而提出本地社會精英在推行殖民現代化上予以合作的重要性。Rogaski（2004）表示具社會影響力和資源的精英，是天津殖民政府得以成功推行侵擾性衛生措施的得力夥伴，致勝關鍵在於政府與社會上具影響力社羣組成利益同盟，各取所需。雖然兩者關係只是片斷式（Fragmentary），但這仍讓後者有機會成為協助維持城市管治的夥伴。殖民協作（Collaborative colonialism）標示着被殖民社羣介入政府公共政策甚或直接執行公共功能，在政策制訂上扮演着舉足輕重的角色，足以反映殖民關係的複雜性和殖民政府在城市管治上的局限性。這種對其管治能力和關係提出的嶄新觀點，有助重新界定政商兩界在城市管治上的關係及形態。在現實中，兩界關係複雜得多，且互相依存，而非處於二元對立。

　　從經濟角度而言，馬克思將殖民地演繹為無產階級工廠，意指缺乏生產工具（Means of production）而被困於屈從處境（Marx, [1963] 1991）。此觀點顯然沒有正視在殖民地興起的資本主義氣候，在此新興生產模式下適應力強的被殖民者，成功捕捉伴隨殖民主義而來新政經格局所衍生的機遇（Carroll, [2007] 2011; Hui, 1999; Migdal, 1988）。隨着資本主義引入香港，當手上資本日漸充足，社會影響力和資源與日俱增時，華人形成一股足以挑戰殖民政策的力量，並促使政府將他們納入夥伴之列。與此同時，殖民結構主義（Colonial structuralism）過分強調垂直的政治結構，忽視某些本地社羣（如商界）對捕捉新機遇的敏銳度，更無視他們有能力肩負公共服務提供者的新角色，為城市管治中重要一員。

　　傳統觀點假定公共角色具從屬性，明顯不合時宜；從實證研究中看到，香港殖民初期的公廁服務全賴華籍地產商提供，透過銷售糞便的商業模式運作，商品化後的公廁創造了可觀利潤，連帶塑造一系列新的政商關係及城市公共衛生管治模式。本地社會精英把握殖民管治衍生的新機遇謀求自家利益，積極介入公共服務標示着本地商界能夠在新經濟格局下挑戰及扳倒社會政策，反駁殖民結構主義論述把殖民政府和被殖民者及政商在社會發展中的角色硬套在從屬性框架內。實際上，殖民政府和被殖民者廣泛交往（Carroll, [2007] 2011; Law, 2009; Migdal,

1988; Robinson, 1972），突破既有假設二元對立的殖民關係。

縱觀殖民治下的香港，華籍地產商必定是筆者最感興趣的本地社會精英，此書將焦點放在公廁地產商而不是公廁營辦者和糞便承包商，因為他們不單擁有大量土地資源，對城市公共衛生管治起着支配性角色，亦因為土地資源而令他們攀上社會精英之列，這對探索資源精英如何跨越殖民者和被殖民者以及政府和商界等領域的界線，實踐公共功能並最終帶來政商在城市管治上的共謀，有重大意義。那麼究竟地產商大幅度地介入公廁服務，對政商關係有甚麼反映？在政治上，持有和控制大量土地無疑增強他們和政府討價還價的籌碼（Leung, [1990] 1992; Weiss, 1988），這有助在公廁甚或其他社會政策上保有議價空間；在種族和階級上，作為華籍地產階級表示他們站在種族和階級的十字路口，土地資源集中在一小撮華籍地產商手上，有助應用集體土地權力，這既可持續商業公廁維持基本衛生，同時協助殖民政府治理草根階層華人，在社會控制功能方面公廁因而變得政治化，地產商成為策略性夥伴（Migdal, 1988; Skocpol, 1979; Thompson, [1963] 1969）；在資源影響力上，地主是一個建基於土地資源的特有階級，他們高度介入公共衛生建設，重整了和殖民政府的關係（Chu, 2013; Endacott, [1958] 1973）。

本書將從政治經濟學視角（焦點放在土地資源控制上）討論

在政經局勢變遷下，政府和新近崛起的本地商界精英在城市管治上的共謀關係。宏觀層面，透過研究經濟制度的結構轉型和以地產為發展軸心的資本主義，探討對政治結構和政商的公共角色重整帶來甚麼影響，並評估在新經濟格局下崛起的華籍地產商對公廁發展的影響。微觀層面，在此類資本主義大行其道和糞便競價下衍生的物業和糞便收益，把政商兩界緊扣一起成為利益同盟，這以市場經營為導向的公廁成為調節政商關係的機制。在香港，公廁地產商維持公廁服務的高超能力，不單促成政商在有關服務上進行合作，同時賦予商界介入社會政策和增強其重塑政策的能力。將兩個層面結合來分析，有助探討更廣闊的層面——政商共謀下的城市管治。

政商互為依存模式的城市管治

有別於行使土地權力的牽制性，促進性將重點放在地產商提供公廁服務的能力，授予他們夥拍政府的特有地位。透過土地權力的促進性一面，能夠更好地理解轉型中的政商關係，揭示公廁地產商強勁的土地資源控制權，如何令政府對其服務產生功能上的依賴，並促成兩界在公廁上的合作，擴大和增強商界在城市管治上扮演的公共角色，重整政商兩界關係（Evans,

1979; Pierre, 2011），這點是將政商關係對立的牽制性角度所無法達致的。正如梁啟平（Leung, [1990] 1992）所指，資源控制權賦予控制者和有關當局保持議價關係，縱使前者沒有在官僚體系內擔任一官半職。究竟甚麼機制令政商共謀得以持續？Illchman and Uphoff（1998）提出的資源交換分析模式，有助理解土地資源控制如何令公廁地產商有效緩解政府的政治經濟難題（土地資源緊絀未能提供及維持公廁服務），換取和政府議價的空間。當中最重要當然是能夠「在政治市場上保持特有交換位置」，而交換能力（或交換比率）又高度倚仗該項資源的供需（同上，頁31）。在香港公廁實證研究中，如前所述土地資源控制權在有關設施建設和服務持續上甚為關鍵，透過研究商業公廁的持續性，本書旨在了解公廁地產商的「建設性」角色在哪方面讓他們得以分享政府在城市公共衛生管治上的話語權，並分析政府如何透過法律框架確認公廁地產商的公廁利益不受損，達致政商互相依存的城市管治模式。

註

1　No. 787, *HKGG*, 27 June 1941.

2　被歸咎為黃熱病頻繁發病的元兇，令死亡率激增。1894 年有八名英國學童受感染，有指問題出在學校水槽廁（最基本的水廁系統）的沉積物，On the Origin of Enteric Fever from infected Trough Closets, *Public Health*, Vol. 7, October 1894, pp. 296-297。有關水廁技術水平未達標污染環境，參看 Chadwick, 1997; The Influence of Privy-middens and Water-closets in Diarrhea and Typhoid, *Public Health*, Vol. 17 October 1904, pp. 709-714; Water Closets versus Privies in Sheffield, *Public Health*, Vol. 7, October 1894, pp. 190-191。

3　英國採用馬桶收集糞便的方法較亞洲國家要遲得多，在中國已用上千年，看余新忠，2014。由於 1830 及 1840 年代連年發生霍亂，促使英國於 1850 年代以馬桶取代糞坑，定時收集馬桶並清理，確保不構成重大環境問題，Wohl, 1983。

4　其他亞洲殖民地如緬甸的仰光和印度的加爾各答均於 1880 年代推行公共沖廁制度（以水沖或空氣虹吸），較香港早三十年，看 *STWI*, 1 March 1884; *TST*, 19 January 1894。

5　1867 Order and Cleanliness Ordinance, *HKGG*, 22 June 1867.

6　Chadwick, 1882; Schedule of Taxes, *HKBB*, 1883.

7　由於城市人進食的食物種類較農村人廣泛，所產生的糞便營養值亦相較高，含有大量的氮和磷，有助種植優良農作物，農夫爭相選購。看守恆，1946；余新忠，2014；施振國，1996；彭善民，2007；King, 1911; Xue, 2005。

8　參看 Medical and Sanitary, *HKAR*, 1915, 1916。

9　商業公廁數目，HKRS 38-2, *HKRB*, 1868。租金收益，*HKT*, 9 February, 26 March 1891。

10　*HKT*, 9 February, 26 March 1891;Plague Epidemic, *HKGG*, 13 April 1895。參看 *Report by the Medical Officer of Health*, 1895, pp. 353-354。

11　CRN, HKRS 149-2-534, 1869.

12　CRN, HKRS 149-2, 1869-1887; Nightsoil Contracts, *HKBB* 1890 -1902.

13　HKRS 38-2, 1905-20, *HKRB*.

14　同註 8。

15　Correspondence Regarding the Sanitary Condition of Hong Kong, *HKSP*, 1901; *HKT*, 9 February and 26 March 1891; MSB, *HKGG*, 29 October 1887; *SCMP*, 1 July 1904.

第二章

土地資源壟斷
和公共衛生

港英政府雖然於 1867 年引進公廁制度，但並不見制訂具體政策，實際上公廁大多由華籍地產商提供。本書提出地產商的強勁土地資源控制權，賦予他們與政府共謀城市公共衛生的管治。開埠伊始，香港即進行經濟結構轉型，在以物業發展為主的資本主義制度下，土地成為投資重點，華籍地產商大量投資地產市場，為庫房進帳不少，政府自然而然偏頗土地資本市場，亦帶來華籍地主階層的冒升，這些權力動態令政府不願又或未能提供公共衛生服務。地產商在競逐土地興建貨倉、店舖和供草根階層居住用房之時，不時觸發和政府角逐城市空間的控制權，每當公共衛生政策和其利益相違，這些土地資源操控者立時聯合起來抗議，常常成功否決公共衛生政策的執行。

另一方面，正因為大量投資地產市場，雄厚土地資源讓這些地產商有機會成為政府夥伴，在商業公廁建設中可見一斑。可以說將土地投資視作普通的商業活動，顯然無視地主階層是一個特有階層，能夠在城市公共衛生政策上擁有操控權，這在地產市場發展超級蓬勃的香港尤甚。此章先行探討造就商業公廁出現和服務持續的一些政治經濟狀況，了解以物業發展為重心的政府財政制度，如何令華籍地產商在殖民城市管治上享有專屬的結構性位置，得以對公共衛生政策操生殺大權，這對理解政商兩界共謀城市管治有重要意義。

地產市場的擴張

　　我們得先了解殖民管治的固有特質，為城市管治帶來甚麼新的政治經濟格局。首先，從政治上，為免與本地社會發生不必要衝突，殖民政府在公共衛生事宜上實行不干預政策，刻意和本地社會保持距離；而隔離式管治正好讓本地社會精英有機會捕捉部分公共權力，介入殖民管治。其次，在經濟角度而言，當 1842 年 2 月 16 日英國政府宣佈香港為自由港，即清楚表明小島要在經濟上自給自足，英廷概不負責。自此往後四個年代，財政緊絀嚴重困擾港英政府，[1] 需要重新調校收入來源，結果土地稅收和鴉片專利收益佔政府年收入大幅攀升至近五成。[2] 拜高地價政策所賜，1870 至 1910 年代間，單是土地收益便佔百分之二十至三十（圖 2.1，見下頁），地產市場的蓬勃擴張帶來華籍地產商的快速崛起。

　　這個新成立的殖民地要在如此政經格局下起動，無疑催使政府向適應能力較強的華人提供新機遇，廣納坐擁雄厚資本及資源的華人為管治夥伴（Carroll, [2007] 2011; King, 1975; Law, 2009; Tsai, 1993）。接着下來會先聚焦土地收益和華籍地產商在政治經濟制度上的結構重要性，如何影響城市公共衛生管治，至於政府不介入公共衛生的政治經濟張力將在稍後章節討論。

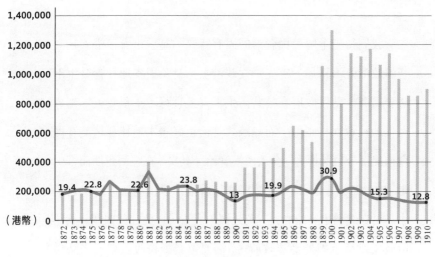

圖 2.1 政府土地收入，1872-1910

土地收入佔政府年收入百分比

資料來源：
Comparative Statements of Revenue and Expenditure, *HKBB*, 1872-1910.

高地價政策和公共衛生設施

　　高地價政策的實行令城市基礎設施的設置和土地權益糾纏不清。香港正式割讓給英國前一年即 1841 年，已經偷步進行首次土地拍賣，翌年土地委員會亦旋即成立，致力推廣地產市場。高地價政策的一大特點是土地以競價方式拍賣，價高者得，而為了賣得好價錢，土地限量供應。在僧多粥少下引發物業

炒賣，土地價格節節上升，以 1854 至 1855 年為例，升幅達六成（Carroll, [2005] 2011: 49），可見地產市場發展何等熾熱。自1870 年代中以降當華人作出大量投資，政府的土地收益亦獲得穩步上揚（Smith, 1971），及至 1881 年物業炒賣突轉熾熱，水漲船高，政府收益急劇上升。有謂這是港督軒尼詩（1877-1882）的親華政策容許華人購買歐洲人社區的物業所致，讓華人前所未有地大量累積土地資源和權力，最終促成地產市場泡沫於是年爆破（Eitel, [1895] 1983）。

綜觀 1872 至 1910 年，來自地產市場的收入由 179,354 元增加至 859,067 元，增幅達四倍之多；這同時呈現了另一組重要數字，是項收益佔政府全年收入的百分比，由 12.4（1909 年）至 35.2（1881 年）不等。政府土地估價報告亦顯示，短短一年間，1887 至 1888 年的估值由 2,902,933 元升至 3,050,790 元，是年差餉收入大幅攀升至 16,697 元，較上一個年度錄得百分之七的增長。短短不過三年，1891 年又翻了一番跳升至 36,000元，較上一個年度上升了百分之九。[3] 究竟如斯蓬勃的地產市場如何令土地資源在公共衛生建設上變得具政治重要性？

土地儼如會生金蛋的鵝，政府和地產商均不願將之作公共衛生建設用地。如前所述，土地收入在政府總體收益佔有一個頗重的百分比，毫無疑問，此收入是政府的一項主要來源。在建基於土地買賣的政府財政制度下，公共空間紛紛被轉化為可

銷售的產品，寄望政府在官地上建設公共衛生設施如同痴人說夢話。Bristow（1984：27）提綱挈領地點出土地政策的運作邏輯，正是「迅速地及廣泛地將土地興建新建築物，反之竭盡所能地減少公共空間，不論是街道及開放式空間的使用。只有不宜興建樓宇的地方，如快活谷（按：即現今的跑馬地）才考慮作其他用途」。在快速城市化下，只有不受歡迎的地方才會獲安排公共設施，又或在需要便利土地銷售時，這些設施才予以關注。港督羅便臣（H. Robinson, 1859-1865）於 1863 年給英國殖民地常務次官 F. Rogers Bart 的特函中透露，財政拮据有礙城市基礎設施的提供，並謂：「出售土地前，政府需要提供道路、橋樑、渠道、公共碼頭和其他工程，如沒有這些前期工程，根本不可能把土地成功售出。」[4] 基礎設施很少獲得重視，即使予以提供，也並非以改善環境為出發點（Bristow, 1984），很明顯商業建設在殖民地來得重要得多（Kidambi, 2007; McFarlane, 2009; Tignor, 1966）。毋庸多說，地產商對地產市場的重視和對公共衛生建設的抗拒和政府相若。

華籍地產商在公共衛生管治的專屬位置

在地主階層中，華籍地產商是筆者最感興趣的，接着將會探討經濟結構轉變（地產市場的興起和高地價政策的實行）如何賦予他們在公共衛生管治上享有專屬位置。當土地收入成為政府主要收入來源之一，在根本上令土地資源變得政治化，而當這些資源日漸掌控在少數地產商手上時，無疑鞏固他們在政治經濟制度上的結構性位置，改變了過往作為被動服務參與者、殖民政府僕人和附庸的角色，一躍而為手握資源的社會精英，不單成為經濟支柱操控財富，更持有關鍵性資源（土地），結構上改變了他們和殖民政府的關係（Chu, 2013; Leung, [1990] 1992; Smith, 1971）。

某程度而言，實行以物業發展為旨的資本主義制度，令政府無可避免地受到土地資源操控者的挑戰，因為他們不獨能提供資本，更具備特有的政治經濟優越，尤其是當土地價值高企且只握在少數地產商手上時，這都是其他商人或華人精英羣體所不能比擬的。地產市場隨着這類資本主義的實行而制度化，產生新一系列的資源和權力關係，在這樣一個制度下土地權力和地產商的勢力大幅膨脹，容許這些新貴和政府在公共衛生管治上建立利益同盟。

華籍地主階層的崛起

遠至 1840 年代初，華人已進入地產市場（Carroll, 1999; Endacott, [1958] 1973）；不過初年他們擁有的土地面積不大，貢獻的稅項自然不多。[5] 但由 1870 年代中起在港督軒尼詩管治下，華籍地主階層進入一個高速發展的新年代，外國人擁有的土地大量快速地轉移至華人名下。根據軒尼詩在 1881 年公佈的一份報告，華人從外國人和政府購入的土地總值分別達到 1,710,036 元和 17,705 元；反之，外國人從華人和政府購入的總值僅得 16,450 元和 5,060 元。[6] 此消彼長，華人的土地累積速度十分驚人，短短四十年便在貿易尤其是地產市場中致富，令政府不能漠視他們的存在，土地資源的轉移對殖民政府和華商的關係有重大意義。1876 年，首二十名最高交稅人士中，八名為華人，1881 年進一步跳升至十七人，貢獻超過八成的政府收入。[7] 銀碼由 28,267 元增加至 99,110 元，增幅百分之二百五十；那邊廂，外國人的貢獻則由 62,523 元跌至 21,032 元，跌幅百分之二百。

具備高超交稅能力促使政府重新調節對待華商的態度，其中華籍地產商尤其受到政府垂青。在向立法局提交的一份匯報中，軒尼詩高姿態讚揚這些華籍納稅人：「只要他們自己或其後人願意在此殖民地長居，我們就能獲得忠實和良好秩序的保證。」[8] 施其樂牧師（Smith, 1971: 77）坦言：「土地擁有權和精

英身份緊扣，這在 1876 年和 1881 年首二十名最高納稅人的名單可見一斑。」以土地擁有權界定精英身份是殖民早年用以概念化土地資源力量的一項指標。

有幸躋身精英行列可不是偶然，可以這麼說經濟制度決定了社會精英的類型（Tsai, 1993），以發展地產市場為主的資本主義制度，自然鼓勵土地資源精英的冒升，其所倚仗的經濟權力正是源於對比資源的操控，而將此權力轉移為政治權力的基礎亦完全建基於土地資源（Bottomore and Brym, 1989; Mills, [1956] 1971）。當物業價值節節上升，而土地資源又由少數華籍地產商操控，挑戰政府對公共空間的用途不時發生，操控着誰可受惠於公共衛生設施，甚至哪些地點適宜或不適宜設置有關設施。某程度上，土地資源在城市公共衛生管治上所具有的獨特性是其他資源所無法比擬的（Bristow, 1984; Chu, 2013; Endacott, [1958] 1973）。

土地價值上升為政府帶來可觀的土地收益，這在在喻示有大批土地資源掌控在這些新貴手上，經濟力量產生的政治效果肯定帶來殖民關係的重整，尤其是政商關係，這對城市管治必定有所影響。政府視華籍地產商為特有階層，表揚他們為新興社會精英，軒尼詩於 1878 年 2 月以高姿態禮節性參觀東華醫院可說是一項最好的標記。《政府憲報》詳細記述此盛大場面：「接近三百名來自各個階層兼具影響力的本地居民參加，其中五十

至六十人穿上清朝官服，有些甚至配上藍色，水晶和金色鈕扣，而有少數人甚至別上孔雀羽毛。」[9] 在這些穿上官服人士中（華人領袖的身份象徵），有不少地產商包括鄭星揚、郭松和黃勝，前兩名身兼公廁地產商。三年後，在軒尼詩離任前的宴會上，有約六十名華人精英向他宣讀賀詞，當中有大地產商如高滿華和李德昌，另有六人為公廁地產商：吳浬、蔡贊、葉晴川、鄭星揚和郭松的兩名兒子郭硯溪、郭梅溪。[10]

在一項銀行權力的研究中，Glasberg（1989）指單純擁有資源是不能產生權力的，權力繫乎資源操控者的集體行動。發展地產市場，壯大了華籍地產商的土地權力，讓他們有能力否決公共衛生設施的興建，利用土地資源影響公共衛生政策的制訂，並成功迫令政府修改《1856年建築物滋擾條例》(*1856 Buildings and Nuisances Ordinance*) 和《1887年公共衛生條例》(*1887 Public Health Ordinance*)。這些地產商運用土地權力和資源與政府抗衡的例子，在在反映殖民地並非殖民政府任意把玩的工具，控制資源的本地社會精英能夠重塑政策（Leung, [1990] 1992）。

與權力的產生一樣，階級的形成有賴具體行動激活，Thompson（1983: 115, 116）指階級本不存在，而是在文化和社會形成中建構而成，他提出：「階級是一項關係而不是一件東西」，這是共同經驗（承襲或分享）、感覺和清晰表達這身份的

結果，發生在當他們的利益譬如介乎他們之間，又或和另一些與他們持有不同利益（多為相反利益）的人之間。」簡而言之，人對自身的身份概念，產生自和自己一樣又或不同利益的人的交往當中，前者形成命運共同體，而後者則從「他者」和自己區分之中形成身份認同。資本家往往是社會上率先為共同利益而工作的一羣，馬克思主義者以自為階級（Class-for-itself）界定這些具有階級意識的狀態（Carnoy, 1984; Miliband, 1973）。

為何此羣組的精英這麼容易構建他們的共同利益？Almond and Powell（[1966] 1978: 170）提出某些政治制度和社會架構尤適合實現共同利益的構建，當中包括政府規模較大及教育水平高的社會，這些都是有利條件。奇怪的是，香港卻因為殖民政府和華人社會在社會上和政治上均存有某程度的隔離，而鼓勵擁有雄厚土地資源的華籍地產商動員資源謀求自家利益，同時構建地主階層的共同利益。享有共同社會背景在殖民早年尤為重要，當土地和財富均大量地掌控在一小撮的華籍地產商手上，而他們又被排擠於政治舞台時，顯然易於在華商間產生內部凝聚力（Chu, 2013; Endacott, [1958] 1973）。

公共衛生的決定權

華籍地產商們的凝聚力，加速華人社會精英在更廣泛的政治和經濟領域的冒升。1878 年，七十三名華籍大地產商（包括

梁安、李陞和莫仕揚，其中七人為公廁地產商）聯手大力支持李德昌的建屋計劃，可說是這些地產商在公共衛生事宜上的權力展示。[11] 在回應工務局首長工程司要求改善房屋空氣流通方面，他們反駁：「土地價值極高，作為一項投資，為了令其有利可圖，有需要最大限度地充分利用所有空間。」[12] 抗議人士聲稱在文化上華人習慣了擠迫，故此不需要為他們提供光線和空氣。這些論點毫無根據，但港督軒尼詩卻語重心長地提醒官員們：「差不多所有有頭有面的華人居民也簽署支持抗議行動……他們是聰明和有影響力的華籍居民。」[13] 由於涉及大量具有名聲的華人精英，有關要求當然被束之高閣；更重要的是，這顯示差不多所有華人精英均參與地產市場，控制大量土地資源，在高度複雜的殖民城市管治中頗具優勢。是次行動完全由華籍地產商策劃，這個羣組人員的數目亦在二十年間戲劇性地增長，權力的急速膨脹讓他們有足夠信心挑戰殖民政府。

另一例子是潔淨局委員兼立法局議員何啟，就《1887 年公共衛生條例》要求物業持有人在單位內興建家廁表示抗議。回看 1878 至 1885 年，平均每年有千名華人因疾病死亡，[14] 以 1885 年為例，華人和歐洲人以及軍隊因病致死的比率特高，華人錄得 1,604 名，為過去十年最高。高死亡率引發新一輪興建家廁的關注，上述條例就是在此背景下提出，以圖強制物業單位提供家廁，並鋪上硬磚塊或水泥，窗戶則應該向外打開引進

新鮮空氣。這些要求增加建築成本及減少可出租的空間,肯定
為政府迎來新挑戰,在 1887 年的一次潔淨局會議上,何啟強烈
反對有關條例,指其干預地產商利益。他指:「有些衛生專家
常常錯誤地將華人當作歐洲人看待⋯⋯,不容許習性、用法和
生活方式的不同⋯⋯。有的甚至堅持所有華人均應吃麵包和牛
排,而非米和豬肉。」何啟質疑條例的合理性:「更為荒謬的是
犧牲平均每平方呎呎價達 6 至 7 元的數以百萬計面積⋯⋯這並
不是以貧苦大眾福祉為依歸,反之要他們擠在狹小空間內只為
釋出空間建造家廁。」他的主要論點可以從下列問題中獲得反
映:「難道一個三乘六呎的磚砌家廁和空間充裕的廚房,比食
物和衣服又或解決擠迫更令人渴求嗎?」[15] 他總結說:「這些措
施犧牲這麼多物業,恐怕動搖公眾信心並趕走資本⋯⋯最近土
地價值已大為增值,為何只有從中得益的地產商要為公眾利益
而承受此項犧牲。」

　　原先衝突只不過是簡單的階級敵對,但經何啟一說從文化
和種族角度上將華籍地產商利益政治化後,大大增加公共衛生
建設的複雜性。相比 1856 年和 1878 年的抗議,此次不獨反映
華人在地產市場投資上具有重大利益,而他們更和華籍立法局
議員(何啟和韋玉)漸行漸近,動用政治影響力在議會投上反
對票。何啟一直被視作地產商的代言人,每每妄顧公共衛生只
求維護商人利益。[16] 從何啟傳記作者蔡永業醫生(Choa, 1981:

168）的一番説話，或可窺探他反對公共衛生政策的原因，「他並不理解為何要犧牲這麼多土地以改善華人的健康和福祉，認為如投資者未能從土地中獲得最大利潤，會動搖公眾信心。」

政府再一次經歷滑鐵盧，面對由 47,000 名抗議者（包括在地產市場上的既得利益集團如教會和慈善組織）簽署的「地產商摘要」，條例在被大幅度修改下通過（Endacott, [1958] 1973: 201）。在重重壓力下，興建家廁的要求並沒有得到真正落實，這令公廁需求更形急切。邏輯上，家廁不足可由公廁彌補；可是，地產商同樣反對有關設施，指公廁令附近物業價值受損，再者公廁霸佔了可用作物業發展的珍貴土地。[17] 他們提出兩個論點：第一，文化上，象徵英國文化侵略的公廁與華人文化迴然不同，華人不會和其他陌生人一起如廁，尤其是女性及富有階層；第二，經濟上，公廁的興建挑戰地產商利益，令可予以投資的公共空間大減。基於此，家廁和公廁同樣不受歡迎，被視為有損自由經濟追求利潤最大化的目標。

港督寶雲（G. F. Bowen, 1883-1887）於 1887 年向英廷發出的信函亦有類似註腳：「物業是最大考量點，他們聚集在此，只為累積財富而已」，[18] 他警告説：「那些所謂的物業既得利益者，將會重挫任何政府在衛生改善上所投放的力量」，並指公共衛生欠佳完全是地產商反對所致，而非政府不願承擔公共責任。經濟繁榮和政治穩定均繫於物業投資，政府深明熱衷於此

道的華籍地產商欠缺在出租單位內提供足夠和恰當衛生設施的動力，故此不得不重新調節其公廁發展方向，這將在稍後章節詳談。

被商界綁架或不被綁架？

不言而喻，強勁的土地資源控制權能夠重整政商關係，並將這些資源資本（Resources capital）轉化為政治力量。誠如 Polsby（[1963] 1980: 113）否定權力分層（Stratification of power）之說，強調「不能假設權力為定性的」，權力並不是某階層專屬，只要勢頭一轉任何人也可攀上權力高峰。1842 年甫開埠，香港旋即進行經濟結構轉型，實行以發展物業為主的資本主義，政府設立地產市場，令土地資源炙手可熱，成為日後華籍地產階級冒升以及殖民政府和本地商界關係重新洗牌的其中一項因素，賦予他們躋身政府夥伴之列和重塑公共衛生政策的能力。這些新貴充分利用殖民管治衍生的新經濟機遇謀求自家利益，Carroll（[2007] 2011: 35）提出：「香港殖民主義可不是強加在一羣被動的華人身上，也不涉及屠殺或驅趕大批原住民；反之，吸引了大批從中國南渡而來的商人、承包商和勞工。」從許寶強（Hui, 1999）和羅永生（Law, 2009）的研究中亦見，部

分華人把握了新機遇成為建築承辦商或商業中界人，有些甚或搖身一變而為買辦或社會精英。

其實，華人和外國人合作可追溯至 1830 年代末和 1840 年代初爆發的第一次鴉片戰爭，戰後這些被視為賣國賊的華人獲新成立的港英政府重重犒賞，讓有志跟隨者深明透過和殖民政府建立聯繫有助撈政治經濟利益，那些對新政治經濟格局有較強適應力並能迎合殖民政府需要的精英，自然脫穎而出成為殖民地新貴，這最終掀起華人社會精英在 1870 年代的崛起（丁新豹，1988；Hui, 1999; King, 1975; Sinn, [2003] 2011; Smith, 1971）。殖民關係互相依存且非常互動，交往涉及方方面面；可是大部分研究均是從種族角度探索政府和本地社會甚至商界的協作，至於商界在新經濟格局下透過掌握關鍵資源，推動政商在公共服務上的協作，並沒有獲得充分注視，故此本書特意探討以物業發展為主軸的資本主義，對兩界在城市管治上的角色轉變為題，了解華籍地產商在公廁服務中扮演的「建設性」角色，怎樣確立兩界在城市管治上的關係，嘗試探討政商共謀的形成。

歐洲中心主義將政府和本地社會套在從屬性的家長式關係內，假定公共服務如教育和公共衛生完全掌控在殖民政府手上（Mills, 1942）；這顯然沒有正視經濟結構轉型對殖民關係的影響，漠視一系列獨特權力關係在資本主義下催生而成，令城市

管治出現遽變。正如傅柯（Foucault, [1994] 2001）所言，權力是相對的關係，並不是來自特定場所。或者有效凸顯殖民政府和本地社會動態的最好方法，是看看資本主義如何為殖民管治引入利益最大化概念，高度增加殖民關係複雜性和本地商界對政府形成牽制的力度（Chu, 2013）。有別於建基於西方霸權的殖民管治，其合法性沿襲從屬關係而立，新經濟格局強調利益掛帥，利字當頭成為本地社會精英倚仗的新權力來源，在資本主義下政府須要透過市場機制重新調整與某些社會羣體的關係。

的確，經濟結構轉型為華人社會精英的崛起搭建了台階，鑑於市場經濟需要而創造了多個新角色，地產商便是其中的新貴。如前所述，政府和本地社會關係高度參照後者繳納稅款的能力而調節，當鴉片專營權和土地收益為殖民早年的兩項主要政府收入來源（Munn, [2001] 2011），積極投身其中的華籍地產商的冒升乃勢在必然，他們的政治權力亦因此大大增強。以物業發展為主導的資本主義和迅速城市化在香港大行其道，地產商的土地權力隨之水漲船高，足以支配經濟和社會發展，教政府不得充耳不聞他們的聲音。無可厚非，一個建基於此類資本主義邏輯的政府易於偏頗在地產市場上發跡的地產商，政治地位和土地權力往往互相緊連（Smith, 1971），這並不難理解為何作為特權階級的地產商有幸被賦予特別地位，得以和政府在公廁事宜上合作。

或許馬克思主者會為此提供一個經濟說法：商界為政府的金主，經濟依賴驅使政府為他們工作而犧牲公共衛生。對馬克思工具主義者如 Carnoy（1984）和 Miliband（[1969] 1973）而言，這顯然是怯於資本家威嚇而無可奈何作出的回應。立足於經濟決定論，他們指當政府命脈建基於資本主義生產模式，統治階級和資產階級關係自然而言緊扣一起甚至重疊，政府不會一視同仁對待社會上不同羣體的要求，而是傾向資本家並為其提供有利的營商措施，久而久之讓資本家得以以此經濟力量脅迫政府為其謀取利益。歸根究底，在經濟利益和資源短缺大前提下，政府無法獨立於掌控資源的商界（Becker, 1977; Glasberg, 1989; Leung, [1990] 1992）。

雖然認同政府依重手握資源的社會精英，但與傳統工具主義者不同的是，梁啟平和 Glasberg 均強調縱使沒有在官僚體系內擔任一官半職，緊握資源已為這些精英在政策制訂上創造優越地位，可以指點江山。而結構主義者 Block（1987）和 Poulantzas（1975）則從資本主義結構上作出探討，提出商界綁架論過於機械化，Poulantzas（同上，頁 78）進一步批評說：「政府並不純綷是具優勢階級的工具或儀器，隨意被操控」，他認為統治階級和資產階級的利益聚合純為結構上重疊而已，不存在綁架。Miliband 和 Poulantzas 的討論被冠以「工具主義者和結構主義者之辯」，兩者嘗試從不同角度探討資本主義政府的

自主性和局限，以及資本家的權力和局限，討論資本主義固有特質如何分別擴大和牽制政商兩界權力。Miliband 指統治階級和資產階級關係互相緊扣讓後者有機會重塑政策，而 Poulantzas 則反駁指資本主義制度存有結構性局限，資本家權力受到約制並不能為所欲為。他們的爭辯揭示了資本主義下政商關係何其複雜，有助了解香港殖民政府和華籍地產商如何在公廁事宜上結成利益同盟；政治結構怎樣深嵌（Embeded）於資本主義邏輯中；地產商是否佔盡上風號令政府為其服務；政商各自的利益如何聚合而成共同利益；這種種對城市管治有何意義。

在考慮上述問題時，必須注意強勁的經濟力量並不必然帶來公共權力，就殖民政府的屬性而言，Carroll（[2007] 2011）和 Harris（1978）提供了一個政治說法，前者指關鍵在於殖民管治高舉從屬的政治制度，而後者則認為強勁的官僚政治窒礙本地商界，令其難以施展支配性影響。不過，從文化角度而言，劉兆佳（1982）表示政治冷感是華人固有文化特質，缺乏參與政治的興致。對此，筆者認同華人或許對奪取管治權不感興趣，惟原因可不是文化特質所能解說。對華人而言，Endacott（1964: 121）認為最重要是「維持小政府，生命和私人財產獲得安全保障，並為商界創造商機。」的確，公廁地產商最關心的是公廁能否創造利潤，只要公共衛生政策無損利潤，坐擁龐大土地資源和在本地社會懷有影響力的這些地產商，並不急於奪取殖

管治，尤其在香港殖民早年的政治隔離局勢下。劉兆佳（1982）提出隔離局勢正好讓本地社會精英有機會構建「自治實體」，在華人社區享受商業和社會生活上某程度的自治。

然而，這並不代表資源操控者不會爭取對政府政策作出影響，事實上有充足證據證明華籍地產商試圖透過向政府設限從而重塑公共衛生政策（Benedict, 1996; Chu, 2013; Yip, 2012）。可不每每成功，皆因政府不一定受制於商界，反之經常否決對方要求。Poultantzas 指這是資本主義制度的固有弱點，資本家也得求助於政府確保營商環境理想，這讓政府有機會否決對方要求從而捍衛公眾利益；而 Miliband 則認為縱使偏向商界利益，政府仍保有相當程度自主性，能夠在危機爆發時以公眾利益為依歸。

既然如此，不禁要問為何政府尤其是殖民政府不常為公眾服務？理論上本地商界也須屈從於從屬的政治制度，殖民政府應享有高度自主性。有別於兩派之言，Skocpol（1979）提出政府既不全然中立也不重點招呼某一方，而是完全獨立於社會且備有自家議程和利益。她提出政府也有自家利益的論點，有助解答為何難以估算政府會否回應涉及公共利益的議題，並為香港政商兩界在公廁事宜上結合利益同盟的背後邏輯帶來啟示。政府施政以自家利益為着眼點，在殖民地尤為顯著，從劉兆佳（Lau, 1982）、趙永佳（Chiu, 1994）和顧汝德（Goodstadt, [2005]

2012）的研究中清楚見到，雖然趙永佳認為殖民政府的自主性乃出於財政困難而拒絕商界要求。綜合而言，實在不應將政商關係固守在兩極：被商界綁架或不被綁架，因為縱然在資本主義框架內，兩界關係也不會純粹按經濟邏輯而行。正如吳榮德（Ngo, 1999: 3）所說：「政府和社會的連繫較諸兩極化論調——以行政方式委任社會精英和商界奪取政府權力，要複雜得多」，政商兩界在殖民地的交往和協作相形複雜。

總結

很顯然，傳統殖民關係論述低估了本地社會精英對政府施以約束的能力，並沒有認真看待在資本主義下，這些社會代理人所持有的資源和公共角色的轉變，這在在影響他們和政府之間在城市管治上的關係。採用政治經濟學視角，結合地產市場、土地資源精英和土地資源，此章探索這三項因素在決定公共衛生建設上所產生的動態，焦點放在土地權力的約束性一面，牽制政府在公共服務上的提供，有助理解土地資源在標榜物業發展的資本主義社會內的重要性。在新經濟格局下衍生的新興資源——土地資源和土地權力，容許華籍地產商在公共衛生建設上具支配性決定權。的確，他們在捍衛土地權益上取得驕人

成績，在這裏看到土地資源龐大的地產商的霸權地位，控制了大量土地資源影響着城市公共空間的使用，並重塑公共衛生政策。隨着土地資源和財富的增加，攀上殖民地經濟支柱和資源精英的寶座，融入經濟制度對政府財政收入起着關鍵角色，賦予他們在城市管治上具有舉足輕重的位置，由純粹的商人轉化為政府夥伴，得以和殖民政府分享城市管治的權力。

註

1　Revenue, CO129/6, 1844, pp. 302-305. 參看 Endacott, [1958] 1973。

2　The Comparative Statements of Revenue and Expenditure, *HKBB*, 1872-1910.

3　Assessor's Report, *HKGG*, 1887-1890.

4　Enclosure 3 in No. 3, *BPP*, Vol. 25, pp. 7.

5　同上，Vol. 24, pp. 189。

6　Enclosure 2 in No. 42, *BPP*, Vol. 25, pp. 723.

7　AJPH, *HKGG*, 7 February 1882.

8　同上。

9　Tung Wah Hospital, *HKGG*, 16 February 1878.

10　Congratulatory Address, *HKGG*, 23 April 1881.

11　正確數字應是七十三，而非其他學者所説的七十四，因為吳泩名字重複了。

12　Chinese Houses, *HKGG*, 27 July 1878, pp. 370-372.

13　同上，頁 372。

14　HKCSR, *HKSP*, 1885.

15　Dr. Ho Kai's Protest, *HKSP*, 27 May 1887, pp. 404-406. 另一數字顯示，物業收益回報高達百分之八，Public Health Ordinance, CO 129/232, 29 June 1887, pp. 374。

16　何啟本身沒有參與地產市場，但其父何福堂牧師卻是名大地主，何父的寡妻黎氏更名列 1881 年首二十名最多納稅人士行列，看 AJPH, *HKGG*, 7 February 1882。參看 Choa, 1980; Smith, 1971。

17　MSB, *HKGG*, 29 October 1887.

18　Ord 24 of 87: Public Health, CO 129/234, 1 Nov 1887, pp. 127-128.

第三章

公廁供需和
城市管治

談到公廁的設立，人們易於將之歸因為人口增加和疾病爆發（Andrews, 1990; Brunton, 2005; Kearney, 1985），又或純粹出於政府的利他主義（Altruism）（Yu, 2010）。現實世界哪有這麼簡單的因果關係，客觀條件如社會變遷和衛生危機可不擔保帶來衛生改善（Rosenberg, 1962; Slack, 1985），而在殖民地尤甚。公廁供需往往涉及政治考量，當歐洲人健康和殖民地繁榮繫於本地人衛生習性和環境衛生，殖民政府出於保障自家利益而設，這可說是項政治構建（Anderson, 1995）。在 19 世紀的香港，當華人和華人社區被視為對歐洲人和經濟繁榮存有重大衛生威脅，港英政府賦予公廁一項政治任務，將華人公眾便溺習性納入規管，限制在特定空間如廁，冀盼即時改善環境衛生並重建社會秩序。

本章主要探討殖民城市衛生論述，如何將歐洲人健康和殖民地繁榮與華人和華人社區命繫一線，而殖民政府的如意算盤又是怎樣構思將公廁集中在華人社區，意圖將之設計為處置污垢的殖民空間，實行傅柯（Foucault [1994] 2001）所說的「權力的空間技術」，達到重組空間及治理華人的目的。透過論述華洋健康聯繫旨在探討衛生健康對殖民政府的重要性，有助拆解何以華籍地產商能借題發揮介入城市公共衛生管治，擴大自家政治利益，並透過公廁不平均分佈了解政府和本地社會的空間關係，從而掌握政府對城市公共衛生的管治邏輯。

城市公共衛生管治邏輯

人們總喜歡假設遇有衛生危機，政府便會將公共衛生議題列入日程表（Lau, 2002; Yip, 2009）。哪有這麼輕易來個一百八十度轉變，由不介入直接轉移至介入？單單衛生危機爆發並不足以推動政府採取改善行動。事實上，公共衛生的改善通常不是危機爆發的直接結果，政府公共角色的轉變是需要解釋的，因為衛生議題不光涉獵喉管和污水處理，更加多地涉及複雜的社會問題和政經局勢。

衛生危機為改善環境的原動力？

有必要再次強調公共衛生的改善並不會主動地出現在殖民地，沒有保證殖民政府會引進衛生現代性（Prashad, 2001; Yeoh, 1996）。有說政府辦事按優先次序，有經濟學鼻祖之稱的亞當史密斯（Smith, 1909）為政府分配了三項主要任務：保護社會免受外來勢力侵襲，確保社會代理人不會受到不公平對待和提供某些基礎設施便利城市運作；而經濟學大師費利民（Friedman, [1980] 1990）則補上第四項：保護不能辨識行為者如兒童和精神病患者。這種按優先緩急的政策制訂理念未免流於過分理性的因果分析，顯然沒有考慮實際情況，在殖民地尤為不適用，皆因那裏常常不按章出牌（Polu, 2012）。

Watts（1997）認為在殖民地的次序乃是依據資本主義議程釐訂，譬如英國殖民政府大肆投資在印度鐵路系統，而非關乎民生的基礎公共衛生設施，縱使面對高死亡率也視若無睹。說穿了，不干預本地社會是選擇性的，[1] 正如 Frazer（1950）所說政府介入與否全然按管治需要而非理性邏輯。Rogaski（2004）在天津研究個案中亦有類似發現，日本殖民政府無意介入華人日常生活，除非帝國利益受到威脅。Baldwin（1999）和 Levine（1999）認為殖民政府以軍事利益為首，[2] 亦有說商業利益才是其命脈，衛生危機引致大量死亡和庫房收益受損，迫令政府不得不關注衛生問題（Manderson, 1996; Tsang, 2004; Woolf, 1928）。Scott（1989）則認為衛生危機觸發的政治不穩會危及政治合法性，才是政府介入衛生問題的真正原因。

若然如上述所說種種，遠早於 1894 年大瘟疫爆發導致達二千多人死亡前，[3] 香港的衛生於該世紀中已令人側目，1870 至 1880 年代期間因衛生欠佳引發的疾病如霍亂和熱病的年均死亡個案逾千人之多，[4] 在無間斷的衛生危機下，要求改善的聲音一直存在，可是政府卻充耳不聞。那麼怎樣才能令衛生危機產生作用，促使政府作出環境改善呢？Pelling（1978）、Rosenberg（1962）和 Slack（1985）提出不同觀點。對 Pelling 而言，危機能產生多大程度的驚嚇是決定性因素，而 Rosenberg 則認為全民受影響才足以令政府採取行動。不過，Slack（同上，

頁 308）反駁說高死亡率又或廣泛人口受影響所產生的力量仍有所不足，他提出受影響人數多寡無關痛癢，「斑疹傷寒和霍亂的感染者多為貧窮人士，社會精英很少受影響，縱然受到波及為數甚少，故此難於說服政府認為值得花公帑改善衛生。」

Slack 指衛生危機所能產生的影響力有其次序，由於瘟疫危及跨階層人士，不論貧富一律受到威脅，富裕階層受波及才是觸動政府神經線的主因，故此瘟疫具最強力量。劉潤和（Lau, 2002）、葉家策（Yip, 2009）和 Benedict（1996）認為瘟疫所能產生的力量最強勁，在於當中的危機感迫使政府採取果斷措施。他們又指衛生危機為政府介入公共衛生提供理據，原因是衛生問題往往涉及人們的日常生活習性，不適當介入易引發衝突，更會被上綱上線為文化和種族矛盾，故此需要找個理據支持。就香港情況而言，劉潤和與葉家策指政商之間複雜的政治經濟張力一直持續至 1894 年大瘟疫爆發，兩界對城市空間的操控始出現新權力平衡，賦予政府抗衡商界利益介入公共衛生的契機。

政府介入：無關乎瘟疫

對於種種改善衛生措施出台所提出的條件，筆者有所保留，這並不是否定疫症對促進衛生改善存有一定作用，但卻未能苟同條件因果論。再者，假設衛生危機的影響力存有優先次序，那麼危機所能產生的強度就不是絕對性，而只是相對而言。

在此情況下，強度所能產生的效果就無從確定或預測，此不確定性尤見諸殖民地，往往以殖民帝國利益為依歸（Jeffrey, 2001; Perrins 2005; Yeo, 2008）。就以香港公廁研究個案為例，那場發生於 1894 年初夏的瘟疫，顯然沒有對被鞭撻為罪魁禍首之一的公共糞廁，產生多大的正面影響。從公廁收集而來的糞便中發現大量病菌，這令港英政府驚嚇不已，[5] 結果促成《公廁條例》（*Latrine Ordinance*）於 1897 年修訂並重新頒佈；[6] 可是改變要及至 1900 年始稍稍略見，惟主調仍無甚改，沿用糞廁制度且繼續由公廁地產商主理。真正改變要直至 1910 年代，當商業公廁市場因廣東省天災頻繁、政治混亂和絲綢市場衰退，珠江三角洲絲綢生產重鎮對香港糞便需求銳減而出現倒閉潮，政府始負起其應有的公共角色並緩慢地引入水廁制度。[7]

　　或許對此結果的最簡單總結是因為市場崩潰促使政府介入，按哈巴馬斯（Habermas, [1973] 1989）所說，建基於資本家壟斷的現代資本主義制度，無可避免觸發經濟危機，遇有危機爆發，政府會負起公共角色確保其管治合法性不受損。Miliband（1983: 72）補充說：「由政府和資本家的夥伴關係衍生的階級壓力和社會張力，還有資主本義固有的矛盾和缺點，均需要政府在維護社會秩序上肩負更為決斷的角色。」經濟危機確可能在政治上危及政權安穩，但同樣並不必定能促使政府高姿態保護公眾利益。

清楚可見，公共衛生的提供和改善，往往不是對衛生議題的機械式回應，任憑是經濟損失又或高死亡率都未能確保政府採取相應改善行動，因此每每產生不確定性，這在殖民地尤為明顯，殖民政府往往從自家利益作出考慮。Polu（2012）發現1896 年發生於印度的瘟疫之所以獲得英國殖民政府迅速處理，其中一個原因是來自於其他列強對疫症爆發的取態，它們將之定性為危機，迫使印英政府採取行動回應列強的擔憂，以平息潛藏的國際政治危機。他指出根本不能純粹用理性或道德邏輯推論這類政府的議程，衛生危機的界定乃依據政府的自家利益而確立。

Porter（1999）和 Slack（1985）對危機力度的分析顯然較為成熟，兩人均指衛生改善實際上是危機衍生一連串事件所累積的結果，錯綜複雜。的確，改善最終的到來並不純然因為公共衛生惡劣。就以香港公廁最初設置的目的為例，實際上是因為歐洲人健康和殖民地經濟命脈與華人健康緊扣所致。同樣，於20 世紀初政府終於承擔其公共角色提供公廁，除了因為經常爆發疫症，更重要是商業公廁市場崩潰。糞便需求大減，公廁地產商撤離公廁市場，商業公廁數目驟降，令本已惡劣的公共衛生更見嚇人，在港的歐洲商人對衛生惡劣的投訴引起大英帝國政府的注意，在此政治壓力下港英殖民政府始負起其公共角色。[8]

措施的臨時屬性

那麼政府介入公共衛生的程度有多大？在本質上，衛生改善措施的執行旨在維護殖民利益，在很大程度上僅限於遏制疾病擴散而已，所涉獵的範圍甚為狹窄且多屬臨時性質，或許在短時間內產生一定效能，但都未能解決長遠的衛生問題。葉家策（Yip, 2012）指措施大都局限在檢疫和防疫注射，Duffy（1992）和 Fieldhouse（1983）同樣發現這些措施十分昂貴，普羅大眾根本無緣享用，而 Ramasubban（1988）則補充説只有統治階層才予以受惠獲得衛生保障。殖民政府甚少積極提供衛生基礎設施，這和一直以來人們對之負有公共角色的假設背道而馳，此點在第一章已述，在此不贅。事實上，殖民城市管治理念在在透視此類政府對衛生改善並不熱衷，衛生現代性顯然不是它所關注的，故未列政府議程，而政府的自家利益又令其在城市公共衛生領域的投入度產生不確定性。

華人——歐洲人健康命繫一線

究竟公廁服務是何時及甚麼情況下才獲得港英政府注視的？隨着 1842 年開埠，國際貿易的發展和轉口港的擴闊，吸引大批華人南下香港謀生。人口急速膨脹和疾病爆發頻繁觸動到

殖民政府的神經線，擔心危及駐港英軍健康，摧毀大英帝國稱霸世界的美夢，這最終為城市公共衞生設施如公廁的性質賦予政治任務。

殖民城市衞生論述下的華人身體習性和疾病

隨着科技突飛猛進，白種人在道德上和種族上的優越論在 19 世紀初萌芽，及至該世紀中葉英國維多利亞女王執政期間，有關污垢的討論日漸和文明扯上邊（Brunton, 2005; Freud, 1929）。Douglas（1969: 2）指這是出於對混亂的恐懼，她説：「並沒有一樣東西是絕對的骯髒：骯髒與否由看官定奪。我們避開污垢並不是因為膽小害怕，恐懼或極度厭惡，也不是我們思想裏對疾病有所理解，就能解釋我們愛清潔或避免玷污的行為，實情是因為污垢冒犯了秩序。」將污垢和混亂扯上邊，她解釋這乃源於對孔口如肛門的恐懼，孔口具有由此排出進入公共領域的跨域象徵性意義，而那些不恰當地跨入公共領域的東西，在本質上被界定為處於不恰當位置（Matter out of place）。這就是為甚麼垃圾之所以被界定為垃圾，乃因為它處於其應有界線以外，成為危險的象徵和源頭，而危險所產生的能量正是來自代表邊緣的孔口本身。Douglas（1969: 120-121）留意到，對孔口產生恐懼乃出於人們對理念結構邊緣的理解，她説：「任何理念結構都在其邊緣顯得特別脆弱，故此我們同樣預計身

體的孔口象徵着其特有的脆弱點，由此排出的東西均為主流的末端。」這就不難理解為何隨處便溺被看待為危險和混亂，在殖民主義架構內甚至上綱上線為種族墮落，或是否已攀上或墮後於現代文明的指標（Elias, [1939] 2000）。在概念上高舉白種人較諸華人優越，華人公眾便溺被視為危險不堪，不獨導致香港多場疫症的死亡率高企，更令華人種族基因墮落（Benedict, 1996）。以衛生與否為中心的華人種族墮落論，亦漸次在各個華人為主的殖民地如新加坡（Yeoh, 1996）和天津（Rogaski, 2004）形成。

隨着多場疫症爆發，華人公眾便溺終於成為港英政府的一項關注。自 1850 年代起華人大批地進入香港，提醒殖民政府對房屋擁擠和衛生的注視。為逃避太平天國動亂，該年代初人口急遽增長，1853 至 1855 年的年均增長率達到四成。[9]1850 至 1860 年代期間，人口更由 33,292 暴增至 94,917（增幅達百分之一百八十五）。[10]1860 年代起往後三個年代，每個年代的人口增長均在兩成以上。殖民管治首半個世紀，由 1841 至 1891 年，人口增幅為 2,872%（由 7,450 至 221,441）。[11]1911 年辛亥革命在中國爆發，華人一窩蜂湧入香港，將人口推高至 456,739。踏入 20 世紀初，增長速度更驚人，首兩個年代每年增加二萬人之多。[12]

伴隨人口拾級而上，1840 年代重建上市場（Upper Bazaar，

現中環街市對面一帶），意味華人社區的擠迫和衛生設施不足將進一步惡化，地產市場的發展和種族隔離是導致華人社區擠迫的背後原因。由於重建，自該年代中起華人被下令西遷至西營盤和太平山區（現上環對上一帶山坡）。好戲在後頭，三十年後當華人在被譽為親華的港督軒尼詩（1877-1882）支持下，購買歐洲人社區內（主要為上市場）原先由歐人持有的物業，並改建為華人住屋時，立時遭到反擊指華人房屋滲雜其中令歐人房屋降格和租金收益驟降。[13] 抗議最終促成 1888 年頒佈《歐洲人住宅區域保留條例》（*European District Reservation Ordinance*），禁止華人在太平山 788 呎以上興建房屋和居住（華籍傭工不受限）。[14] 受限於這些條例，華人社區被進一步地隔離在維多利亞城西部的山腳，此處逐漸成為「唐人區」，吸引大批華人尤其是草根階層蜂擁而至（Evans, 1970）。

此一被隔離社區的人口急速增長，大大扭曲了房屋供需，導致房屋嚴重短缺和價格瘋狂飆升。1854 至 1855 年租金增幅達六成，而 1872 至 1877 年的樓價則上升了七成（Carroll, [2007] 2011: 49）。[15] 這無疑吸引炒家入市，興建低成本和質素欠佳的房屋，一下子大量劣質房屋如雨後春筍般在華人社區拔地而起。這些新建的廉價住房以臭名遠播的「背對背」房屋（Back-to-back houses）為主，房屋以一整排背靠背模式連牆接棟而建，兩屋共用背牆，又與另兩屋分別共用側牆，空氣除了透過屋的

正面而入，別無他途。雖然如此，互相依偎有助降低建築成本，這些不講求居住環境的住房能塞進大量租客，讓租金回報較其他類型房屋高出兩成（Chapman, 1971; Wohl, 1983）。這樣的設計不單大大增加了住屋密度，同時令太平山區等華人社區更形擠迫。[16]

1900 年前，三分之一人口居住在華人社區，包括下市場（Lower Bazaar，現上環）、西營盤、太平山區和堅尼地城，以 1897 年為例，人口密度由每頃 400 人至 1,000 人不等。[17] 面對如此高密度，不光沒有責難高地價政策和炒家的所作所為，政府反過來將責任推卻在草根階層華人的生活習性上，歸咎於男女老幼和豬狗同住在潮濕黑暗和空氣不流通的房間內。一份官方文件語帶諷刺說擠迫是華人固有文化特徵：「呼吸似乎是選擇性的⋯⋯聽到很多關於華人擠迫的事，擠迫是華人的正常現象，他們並不覺得有甚麼不便。」[18] 眾所周知，擠迫會促使疾病爆發，但上述說話所要傳遞的信息豈止於此，而是將華人抽出來，指其道德低劣的習性才是促使擠迫和帶來疾病的主因。

最可怕的是為了減低建築成本，背對背房屋大都不設家廁，廚房和糞桶成為另類選擇，糞桶放在牀下，每兩至三天清理一次（Chadwick, 1882: 19）。視察過這類房屋後，殖民地醫官 P. C. Ayres 大表驚訝和感到極度噁心，且聽他如何描繪這趟經歷：「廚房內通常有一個或多個箱作解手之用，以數塊木板扣

在一起搭建一個搖搖欲墜的屏風，日子久了兼且疏忽，這些屏風佈滿污垢。箱內並不見設有恰當容器收集糞便，頂多備有破爛的壺和滲漏的喉管，有的甚至甚麼也欠奉，糞便積聚在地上而尿液則流掉，大抵流向鄰近地面……視察這些地方實在令人噁心。」[19] 這番說話再次強調華人道德敗壞，他們的壞習慣令環境變得惡劣，將華人社區淪為病菌溫床。雖然如此，這些不合格的房屋還是受到物業炒家和住客的歡迎。炒家喜見成本低確保賺取最大利潤，住客亦滿足於低廉租金和有充足的房屋供應，兩者均對房屋質素不感興趣。[20]

在這裏得扼要地了解香港開埠早年人口的性質，看到殖民政府的到來為這個南方小島帶來經濟繁榮，不論貧富或華洋均紛至沓來謀生又或淘金，「借來的空間，借來的時間」是 Hughes（1968）對香港的描繪，十分切合當時形勢。其實，政府亦一早注意到此點，一名殖民地醫官以「候鳥」（A bird of passage）形容其時人口特徵。[21] 縱使及至 20 世紀初，亦僅有三分之一人口在港停留超逾十年（Mills, 1942: 487），對大部分流動人口而言，哪有時間關心衛生。[22]

華人和歐洲人社區的地理聯繫

不論住屋或公共地方均沒有恰當的衛生設備，溝渠和小巷亦成為解決大小二便的好地方，[23] 致使人口密度極高的太平

山區骯髒不堪。惡劣環境和嚴重擠迫是導致該區成為疾病源頭的兩個致命傷，為 1894 年大瘟疫埋下計時炸彈。早自 1850 年代以降，這地區便被指責為環境惡劣，所產生的瘴氣導致霍亂、腹瀉和熱病的死亡率持續高企，政府將疾病爆發歸咎於華人惡習引致環境衛生欠佳，[24] 其中公眾便溺受到大肆譴責。最先將疾病滋生和環境因素連在一起的是英國首位衛生專員 Edwin Chadwick，自從他於 1842 年發表衛生報告 *Report on the Sanitary Condition of the Labouring Population of Great Britain*，兩者關係迅即在英國本土和殖民地獲得極大關注。不難想像，香港的華人社區被視為疾病溫床，華人順理成章是疾病生產者，對公共衛生構成危害。

此聯繫早於殖民管治剛開始時已逐步建立，由一場發生於 1843 年夏天的熱病拉開序幕，單是西區軍營（位處西營盤，華人社區內一個區域）便在短短十個星期內有 60 名軍人死亡（Lau, 2002: 8），綜合各個軍營而言，是年共錄得 440 名死亡人數，佔駐港英軍總數 1,521 人的三分之一（Scott, 1989: 50），原因相信是受到華人社區散播而來的瘴氣侵擾。自此軍方常就環境衛生發表評論，向殖民政府作出有關華人習性的種種投訴，[25] 譬如南區的赤柱軍營陸軍少將 A. F. Saltoun 翌年向港督砵甸乍（H. Pottinger, 1841-1844）投訴軍營附近一處華人糞坑構成衛生滋擾。[26] 為了英軍的健康設想，軍部重置軍營遠離華人

社區（Cowell, 2013），而砵甸乍亦於同年成立公共衛生和潔淨委員會（Committee of Public Health and Cleanliness），為殖民政府介入華人日常生活鋪設台階。華人對衛生的不顧更常常成為報章的熱門話題，在港的英文傳媒要求政府提供一個更好的環境和想方設法治理這些劣等種族的華人。[27]

對港英政府而言，歐洲人和軍隊的高死亡率才是其所關心的。根據《1853 年殖民地醫官報告》，兩者死亡率分別為 9.42% 和 5.6%（基數為 573 人和 955 人），而華人則為 2.79%（37,536 人）。[28] 透過統計數字，將華人不良惡習繪製在城市空間上，凸顯華人社區的混亂，當中存在一個疾病傳染模式：病菌先襲擊居住在華人社區的貧窮華人，接着是印度人和草根階層的歐洲人如軍人和海員，最後是其他階層的歐洲人。[29] 這個模式要說明的是歐洲人的健康日益惡化和華人社區駭人聽聞的惡劣衛生環境，存在地理上的聯繫。華人社區尤其是人口密度極高的太平山區為眾矢之的，殖民地醫官 J. C. Dempster 這樣形容：「太平山區存在最令人反感的狀態，內裏滿佈牛棚、豬欄和污濁水池——為各類垃圾的容器。」[30] 他續指：「散發出來的氣味不單令居民途經時感不快，更肯定成為毗連社區居民的滋擾來源」。這將華人社區的衛生和疾病連繫上，按此建構此社區和其他維多利亞城內區域的二元空間論述，暗喻華人有欠衛生的習性不但危及歐洲人健康，更關乎整體公眾利益。

如前所述，污垢引致混亂會污染身體和思想，故被視為「存在於不恰當地方」，按此邏輯推論，華人和其社區自然被歸咎為疾病源頭，合理化華人須要受到恰當治理。Levine（1991）和 Vaughan（1999）分別觀察到香港和非洲的殖民政府，對於疾病爆發的着眼點均落在中國性（Chineseness）和非洲性（Africanness），而非疾病本身，旨在凸顯自己（殖民者）和「他者」（被殖民者）的文化和文明差異。晃動着道德旗幟，衛生情況特別委員會（Special Commission on Sanitary Condition）主席 W. Dick 以一幅道貌岸然的口吻説：「太平山區的衛生情況如此惡劣，實在需要最積極的監管。」[31] 這種高姿態治理華人社區的態度反映着階級化的空間關係，暗喻只有殖民政府才具有怎樣打造城市衛生空間的知識（Chang, 2016; Said, 1978）。

在此背景下，對公廁的需求終於在 1854 年首度聞諸政府官員，殖民地醫官 Dempster 在報告中強調：「本地人居住的地方隨處可見污垢，極度需要廁所和合適的污物儲存處。沒有甚麼較諸在華人社區後方菜田上見到大量等待晾乾的糞便來得更令人噁心。」[32] 政府的構思是透過公廁向華人引進西方現代衛生觀念，重整華人社區的社會秩序。或許人們會説公廁服務的提供是殖民政府一項利他的文明使命，對本地社會有所裨益。不過 Slack（1985）當頭棒喝，只有本地人受到疾病感染是不會觸動這類政府的關注。的確，它所關心的僅是其名聲和帝國福祉。

事情要直至 1856 年始有所行動，事緣 2 至 5 月連續爆發多場瘧疾、痢疾和熱病，死亡人數達 799 人，幾近全為華人，分別有 379 人（48%）和 155 人（19%）為居住於太平山區和下市場的貧苦大眾。下市場毗連的上市場，為相較富裕華人居住地，共錄得 111 宗（14%）死亡個案。[33] 雖則逾八成為華人，但擔憂疾病會傳染給歐洲人的恐懼很強烈，此恐懼令殖民政府注視到廢物如糞便等棄置處理不當，每每疾病橫生。在各種疫症爆發高峰期，《建築物和滋擾條例》（Buildings and Nuisances Ordinance）於同年 3 月匆匆通過，為工務局首長工程司掌管公廁發牌和服務提供架設法律框架。[34] 儘管萬事俱備，在公共衛生事宜上向來不聞不問的殖民政府，要直至十一年後即 1867 年始真正履行其公共責任，提供有限度的公廁服務。

同一法例同樣規限住屋設家廁，期望炒家在物業單位內提供廁所予租客，違者處以罰款 50 至 100 元。可是事情並沒有朝政府設想的方向發展。首先，法例照搬英國《大都會法規》（Metropolitan Act），並不切合香港實際環境，每吋均用作出租空間的房屋，在規劃上沒有預留空間設廁。其次，一個供數個家庭共用的廁所顯然違反了華人習俗，華人婦女寧願繼續使用糞桶和尿壺。第三，「土地有價」，高地價政策為在單位內提供家廁增添難度。以其時英國為例，提供家廁和後園足以令建築成本激增三成（Chapman, 1971），在實行高地價政策的香港更

甚。在種種原因下，地產商和地主羣起指責罰款過重，抗議行動獲得大量華籍和歐洲籍地產商包括郭松（其中一名公廁地產商）和韋光以及渣甸洋行大班等簽名支持。[35] 與政府期望相違，公共衛生事宜被騎劫並演化為政治事件，同年 11 月抗議行動升級至超過四萬人上街表達不滿（當時總人口約七萬）（Endacott, [1958] 1973）。有見及此，政府意識到有需要為事件降溫，避免進一步演變為政治危機，在這情況下抗議者提出的七項要求大都獲得政府接納，家廁設立的要求被束之高閣。

殖民公廁：治理華人的「空間技術」

然而，快速和大規模的城市化並沒有因此減慢速度，這令公共衛生急速惡化，1860 年代中突如其來的疫症擊中政府神經線。1865 至 1866 年間霍亂頻生，太平山區錄得異常高的死亡率，[36] 最可怖的是軍隊死亡率一樣高企，惹來英國國會的注視，着下議院領導有關調查。[37] 在祖國壓力下，此回港英政府終於把公廁列入政府議程。衛生督察抱怨太平山區衛生惡劣：「不同種類垃圾通通被拋到街上去。屋內沒有水廁，糞便由桶運走，有些甚至積存在儲水池……雖然規定了糞便要於早上 8 時前運送，但並沒有得到真正落實。」[38] 傳統處理糞便的方法和缺乏

合適的家廁，被政府視為對歐洲人健康構成潛在的衛生威脅，惟深知難以迫使地主加建家廁，亦不能一下子扭轉草根階層華人對衛生的漠視和裁判處寬鬆的判刑，在無計可施下政府終於在 1867 年首度以公帑興建公廁，並出資將糞便的清理交予承包商，由當局進行監管。[39] 來自英國本土的政治壓力迫令殖民政府不能再坐視不理設立公廁的訴求，很明顯是項設置是為了保障軍隊和歐洲人健康的一個直接回應，可以說公廁的需求和供應被充作治理華人的情急方法，期盼透過公廁將華人隨處便溺的惡習納入規管。

按殖民治理術（Colonial governmentality）思想，城市基礎設施如公廁、醫院、診所和監獄等具專門用途的空間，被打造為「權力的空間技術」，作為殖民管治的工具用以監控或調整「他者」（被殖民者）的行為，將之封鎖在特有空間內以達到社會秩序的重構和殖民空間的重組（Anderson, 1995; Chakrabarti, 2012; Chang, 2016; King, 1990; Vaughan, 1991）。其實，公廁肩負道德使命，在 19 世紀並不罕見，Andrews（1990）和 Brunton（2005）分別在加拿大和英國公廁研究中亦有類似發現。在殖民框架內，東西方被劃作二元對立的空間，分別為落後空間和現代化空間，建基於此殖民政府和本地社會存在根本性的階級空間關係（Cowell, 2003; King, 1990; Said, 1978）。

在殖民地，公廁的使命更神聖，用作治理本地社會的特有

空間（Anderson, 1995; Rogaski, 2004; Yu, 2010）。既然這些公廁負有為港英政府控制華人不良身體習性的特別任務，當以隨處便溺的草根階層華人男性為主要用家（*RUUA*, 1899: 1），理所當然集中在華人社區。[40] 潛藏的真正原因是公廁實際上是糞便收集站，散發源源瘴氣，有恐危及歐洲人健康，最好放在老遠處。如前章所述，在財政緊絀和渠務技術未符合水平等問題下，採行糞廁制度是其時解決衛生的廉價方法，惟這類公廁普遍被認為是疾病溫床多於為解決衛生的現代化空間，故此要讓此特有空間有效實踐「權力的空間技術」，簡單而直接的方法是採用空間方法，將之集中在華人社區，既能維持殖民地基本衛生，又不影響歐洲人及中央商業區，一舉兩得。

為了避免受到本地社會不良習性引發疾病的威脅，透過隔離、排拒和封鎖等空間方法與之保持距離，乃殖民政府常用的城市管治手段。譬如，在空氣清新的山區建立殖民者居住區，遠離被指烏煙瘴氣的本地社區（Chang, 2016; Manderson, 1996; Pomfret, 2013），又或畫地為牢將本地社區排拒在遠離殖民者的特定空間內（Glasco, 2010; Prashad, 2001; Swanson, 1977; Zarobell, 2010）。繼 1888 年施行《歐洲人住宅區域保留條例》，港英政府再於 1904 年頒佈《山頂住宅區保留條例》（*Ordinance for the Reservation of a Residential Area in the Hill District*），禁止華人在山頂區居住。[41] 為保護「神聖的」（Sacred，本文指歐洲人）

免受污染，Douglas（1971）指排拒不潔「他者」（本文指華人）是非常有用的空間機制。把「他者」封鎖在內，效果較諸排拒更顯著。

就此，傅柯（Foucault, [1994] 2001）提出現代社會的管治技巧更具靈活性，透過設立特定用途的空間，如醫院及精神病院等，把「他者」封鎖在內，效果較諸排拒更顯著。在香港，將公廁集中在華人社區，概念上將此區闢作疾病容器，將疾病源頭封鎖在內，這在在透視殖民政府以醫學觀點規劃殖民城市，意圖把空間作出功能上的分工，把華人社區當作抑制疾病源頭的廢物處理區，透過空間的被分割和重新組合以便有效控制本地社會，確保歐洲人社區（亦是中央商業區）不受疾病威脅。這無疑強化華人社區為疾病溫床，進一步擴大和歐洲人社區在衛生方面的二元對立。雖然如此，由於鮮有殖民者居於華人社區，政府和歐洲人均樂見公廁在此遍地開花，以維持維多利亞城的基本衛生，有利整體經濟發展。

山高皇帝遠，上有政策下有對策，基於政治和經濟原因，港英政府並沒有切實執行大英帝國的命令，對於公廁的提供顯得猶豫不決。在 1870 至 1880 年代轉接期間發生的連串事件中，公廁再度被提上政府日程表。很長一段時間，衛生問題都沒有獲得正視，有論者指這是親華港督軒尼詩的責任，縱容華人的惡習（Eitel, [1895] 1983; Endacott, [1958] 1973）。軒尼詩被批評

為過分堅持不介入華人生活的信念，犧牲公共衛生以換取和華人社會精英保持良好關係，尤其是那些能對庫房有所貢獻的地主階層，以鞏固其個人管治。最令同時代的歐洲人詬病的是，他高姿態地支持傳統華人糞桶制度並反對設立公廁，和西方對衛生的理解截然不同。軍方總管醫官 W. A. Mackinnon 就此作出大肆批評：「自從現任港督履新後，衛生事宜便倒行逆施，和前任港督們的明智政策大相違背。」[42]

軒尼詩也不甘示弱，以不符華人文化為由反對設立公廁，他戲稱使用公廁反而會衍生衛生問題，尤其是被冠以「西方衛生科學」的水廁制度。[43] 他續指：「這裏的本地人一直以來都貫徹華人習俗，將糞便和垃圾運出城外用以灌溉。這裏有如斯貫徹實用原則的人，我對此殖民地能夠被打造為衛生典範毫不懷疑⋯⋯正如 Huxley 教授說有些被我們嘲笑為野蠻的東方國家，在處理糞便方面實際上相較我們更文明。」他表示如果真的要設立廁所，偏向糞廁而非水廁，並謂只要在糞便上灑上灰土便能緩減臭味，有助維持糞廁制度的運行。[44]

可以預見，軒尼詩對衛生問題所抱持的觀點必定引發投訴。基於衛生問題，1879 年駐港軍部促請港府清除其中一個軍營所在廣東市場（Canton Bazaar，現金鐘）一帶的華人房屋。[45] 此議顯然會大削地主的租金收益，政府來自土地的收入同樣應聲而下，不難想像建議被擱於一旁。無可奈何下，該部直接向英國

政府提交呈請，最終促使兩年後英國皇家工程師查維克（Osbert
Chadwick，該國首任衛生專員 Edwin Chadwick 之子）被派遣至
港進行全面性的衛生調查。他尤為關注被視為疾病生產者的華
人的衛生習性，而被充當道德教化空間的公廁為此行的重中之
重，就此的確作了不少改善建議，例如增設抽氣設備減少臭氣
滋擾，由陶製或鑄鐵的船形糞桶取代木糞桶，易於清洗有助保
持衛生。他（Chadwick, 1882: 5）又強調：「公廁是最有效維持
衛生的方法，故此應由政府提供和改善，並大為增加數量，免
費讓公眾使用……適當地監管公廁，引入衛生習性，可偵測和
糾正邪惡。」可是，在蓬勃地產市場下，查維克的建議被棄於
一旁，及至 1899 年政府公廁僅得十所左右，遠遠未能起着治理
華人的功能，最終還得依靠華籍地產商的商業公廁協助實踐此
目的，這令殖民空間及雙方的空間關係產生變化，亦令城市管
治變得複雜，這將在往後章節詳加分析。

總結

　　一直以來人們偏向相信，城市基礎設施如公廁的設立源於
急速的城市化，在某程度上有其真確之處，人口急速增長和疾
病頻生增加了相關的訴求，但這可沒有必然的因果關係。縱然

圖 3.1 查維克在報告內建議重新設計公共糞廁，加強空氣流通及廁格間距。

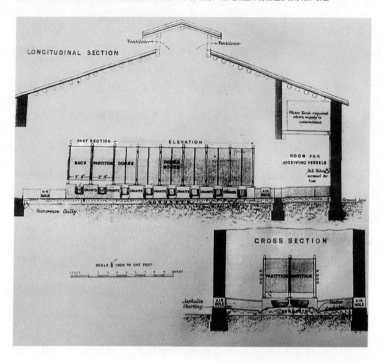

資料來源：
Chadwick, 1882.

有實際需要也不一定會落實興建,這很大程度取決於人們的態度,香港殖民早年人口流動頻繁,這些淘金一族懶得理會衛生問題。因此決定權更多地仰仗為政者的意願,惟同樣東來淘金的殖民政府也基於自家利益對此漠不關心,故此並不能將公廁需求作純理性計算。再者,把公廁的供應標榜為殖民現代化項目顯然不正確。顯而易見,港英政府的城市管治邏輯是當歐洲人健康和華人社區的惡劣衛生環境繫於一線,公廁需求始被放上政府日程表,這徹頭徹尾是項政治構建,旨在治理華人,背負着為帝國利益服務的使命。雖謂公廁全集中在華人社區,可大都由華籍地產商提供,透視政府想將此社區打造為殖民空間充當廢物棄置區,將疾病封鎖在內的如意算盤打不響,姑勿論公廁或華人社區都在地產商介入下轉化為商品化空間。弔詭的是,正因為此反過來實踐了政府的原先設計——實行了「權力的空間技術」,這將在接下來的章節深入討論。

註

1   有關不干預政策的討論參看 Taylor, 1972；政策在香港的施行情況，Chiu, 1994;
    Friedman, [1980] 1990; Goodstadt, [2005] 2012; Ma, 2007。

2   在 1854 至 1856 年的克里米亞戰爭中，有兩成為數 18,000 名英軍因染病死亡，較在
    戰爭中的傷亡還要高，令英國政府大為緊張，恐怕在種族競賽中被淘汰。這同時提醒
    該國在各地的殖民政府，要多加注視本地人的健康對軍隊的影響。根據英國皇家委員
    會一份有關英國和印度軍隊健康調查報告，再次證實軍人健康和其駐守的社會環境衛
    生息息相關。Rogaski, 2004: 79-82。

3   Plague Epidemic, *HKGG*, 13 April 1895.

4   HKCSR, *HKSP*, 1885.

5   同註 3。參看 *Report by the Medical Officer of Health*, *HKSP*, 1895, pp. 353-354。稍
    後章節會就公廁對疫症的影響再加闡釋。

6   Latrine Accommodation for the Public, *HKGG*, 12 June 1897. 條例首度於 1891 年頒
    佈，Latrine Ordinance, *HKGG*, 23 May 1891。

7   商業公廁數目，HKRS 38-2, *HKRB*, 1905-1920；廣東省災情和政治局勢，Medical
    and Sanitary, *HKAR*, 1910-1920；絲綢市場發展，So, 1986; Wong, 1995。

8   Correspondence regarding the Sanitary Condition of Hong Kong, *HKSP*, 1901;
    Medical and Sanitary, *HKAR*, 1910-1920.

9   Population, *HKBB*, 1853-1855; Registrar General's Report, *HKGG*, 1853-1855.

10 Population, *HKBB*, 1850-1860.

11 同上，1841-1891。

12 同上，1910-1930。

13 Enclosure 1 in No. 1, *BPP*, Vol. 25, pp. 649-656.

14 European District , *HKGG*, 24 November 1888.

15 參看 MSB, *HKGG*, 23 Jan 1877。

16 將此類房屋說成為資本主義副產品，一點也不誇張。它率先於 19 世紀的英國面世，
    工業革命爆發後大量人口從鄉村突如其來湧至各大小城市謀生，這些人大都身無分
    文，對房屋質素談不上要求，對他們來說廉價租金為首選，能夠快速興建並住上大量
    人口的背對背房屋應運而生，Chapman, 1971; Wohl, 1983。有關香港的背對背房屋，
    Chadwick, 1882; HKCSR, *HKSP*, 1879。

17 華人社區人口數字，Census, *HKBB*, 1870-1900; Population, *HKBB*, 1870-1900。至於
    密度，Sanitary, *HKSP*, 1898。

18 Population, *HKBB*, 1891, pp. 373.

19 HKCSR, *HKSP*, 1874.

20 實際上，人們繳付的租金不低，Ayres 甚至形容租金高得過分，是他在英國倫敦和印度貧民窟從未見過之高。有關香港高昂租金的討論，參看 HKCSR, *HKSP*, 1879; *HKDP*, 8 June 1887; *HZRB*, 18 May 1907。

21 HKCSR, *HKSP*, 1882.

22 Public Health Bill, CO 129/234, 1 November 1887, pp. 14-69.

23 Enclosure in No. 34, *BBP*, Vol. 25, pp. 708-709.

24 HKCSR, *HKSP*,1853-1890.

25 參看 Enclosure 3 in No. 1-18, *BPP*, Vol. 25, pp. 651-663。

26 Removal of Public Privy, CO 129/10, 20 October 1843, pp. 521-530.

27 The *FoC*, 30 November 1843 and 3 August 1844.

28 HKCSR, *HKSP*, 1853.

29 同上，1858。

30 同上，1854。

31 Report of the Commission, *HKGG*, 12 May 1866.

32 同註 28。

33 Registrar General's Report, *HKGG*, 10 May 1856.

34 The Buildings and Nuisances Ordinance, *HKGG*, 19 April 1856.

35 Munn, [2001] 2011; Petitions of Chinese Traders, *HKGG*, 6 December 1856.

36 HKCSR, *HKSP*, 1865-1866; Report of the Commission on Epidemic Disease, *HKGG*, 12 May 1866.

37 Enclosure No. 10, *BBP*, Vol. 26, pp. 37.

38 Report of the Commission on Epidemic Disease, *HKGG*, 12 May 1866.

39 CRN, HKRS 149-2-534, 1869; 1867 Order and Cleanliness Ordinance, *HKGG*, 22 June 1867.

40 Crown Property, *HKBB*, 1891-1911; HKRS 38-2, *HKRB*, 1865-1920.

41 Peak Reservation, 19 and 26 April 1904, *HKH*.

42 Enclosure in No. 10, *BPP*, Vol. 26, pp. 45.

43 AJPH, *HKGG*, 7 February 1882, pp.77. 軒尼詩對廁所制度的意見，Enclosure in No. 8, *BPP*, Vol. 26, pp. 23-26; No. 19, *BBP*, Vol. 25, pp. 665-666。

44 Enclosure in No. 8, *BPP*, Vol. 26, pp. 28-29, 32; Governor's Report, *HKBB*, 1880; Sanitary State of the Goal and the Dry Earth System, *HKBB*, 1880; The Extension of the Goal, *HKGG*, 23 November 1878 and 11 September 1880.

45 Enclosure 1 in No. 3-41, *BPP*, Vol. 25, pp. 652-718. 參看 Condition of the House near the Barrack, CO129/189, pp. 50-57; Condition of the Native Houses, 129/191, May 1880, pp. 316-329; Proposed Erection of Chinese Houses, CO 129/189, 23 Aug 1880, pp. 15-22。

第四章

商品化的公廁：
集糞便收集站、
物業項目和公廁於一體

作為英國殖民地的香港顯然沒有英國本土這麼幸運，歷史學家 Brunton（2005: 188）討論到 19 世紀英國各地地方政府，爭相設立公廁以示登上現代大都會之列，公共糞廁和水廁分別最早於 1830 和 1850 年代在該國投入服務（同上，頁 188，192）。反觀香港，作為一門生意，無論是政府抑或商業公廁同被冠以新功能——糞便收集站，這無可避免地為公廁發展增添複雜性：糞廁成為主要公廁制度而非水廁，商業公廁較政府公廁為多。這裏呈現的公廁圖像顯然以利字掛帥，在以物業發展為主的資本主義當道下，受到高地價政策影響，商業公廁轉化為商品化的公共空間，以高昂租金招租，可以這麼說這類公廁集糞便收集站、物業投資和衛生設施於一體。地產商投入公廁市場改變了城市景觀，商業公廁遍佈華人社區，有些更在同一地點連續提供了數十年的服務，包括弓絃巷、德輔道中、香馨里、磅巷、皇后大道西、三多里等的公廁（詳看表 4.2，見頁 128）。

　　作為一所有別於周遭環境的獨特建築，商業公廁在鬧市遍地開花所標示的不獨是政府和商界在城市空間上的競逐，後者以雄厚土地資源壓倒前者，更多的是帶來在城市管治上的共謀，優勢互補，透過調節公廁利益（土地和糞便收益）而互相構建對方的政治利益。在這特有時空下，商業公廁廣設象徵兩重界線的跨越：殖民者和被殖民者以及政府和商界領域，意味在

新政治經濟格局的權力關係下，政商兩界在公共角色上出現變化，地產商一躍而為政府在城市公共衛生管治上的夥伴。

　　乘着珠江三角洲絲綢業於 1860 年代中和國際市場接軌，種桑養蠶對糞便需求激增，大幅提升糞便買賣的利錢，有見及此香港華籍地產商紛紛在港建立商業公廁充當糞便收集站，1868 年有逾二十所在華人社區拔地而起。[1] 港英政府亦不甘後人，於 1869 年設立政府公廁制度後兩年，介入糞便生意確立糞便投標制，成為糞便經濟活動和公廁商品化的推手。[2] 由於其時公廁市場基本上被華商包攬，達九成為其所有，無從染指商業公廁的糞便，政府只能另闢蹊徑將政府公廁和政府建築物內公廁的糞便通通收歸其麾下，將之變為官產並進行招標，令政府公廁服務得以自負盈虧。[3] 換言之，政府是項糞便專利權並不完整，影響所及其在公廁服務上僅扮演剩餘角色 (Residual-role)，大部分服務依賴商界提供，令政商兩界在有關發展上的關係更形複雜。

　　其實，政府大可以捍衛公共衛生為由，禁止興辦商業公廁，全盤由其承辦，但它並沒有這樣做，可見殖民政府並不主動承擔公共責任，遑論向殖民地引進衛生現代性。說穿了，早年的公廁管治邏輯是以糞養廁，政府將建公廁的權利讓予地產商，容許他們收集糞便和在廣東省出售，換取商界將私人物業撥作公共衛生空間提供公廁服務，省卻官地和公帑的支出。更重要

的是，免除政府和其他地產商和地主在公廁選址上的爭辯，無論在財政上抑或政治上都為政府排難解困，很自然發展出政府對商界在功能上的依賴——由商業公廁提供服務。

此章將會探討在公廁建設過程中對城市管治帶來甚麼政治經濟張力，究竟在殖民地城市管治下的城市基礎設施呈現甚麼特徵？甚麼條件的組合為地產商創造進入公廁市場的機會，令商業公廁在 19 世紀的香港林立？公廁地產商又是怎樣把玩土地資源和權力，一面牽制政府提供公廁服務，另一面又持續商業公廁，為自家打造為政府的公廁夥伴呢？透過解答上述問題，嘗試解構在城市管治上政商糾結關係的形成。

以糞養廁

為了歐洲人健康着想，如前章所述，殖民政府在華人社區引進公廁制度，首批政府公共糞廁（約兩所）於 1867 年在灣仔和上環設立，[4] 及至 20 世紀初才逐步由水廁代之。誠如查維克（Chadwick, 1882）所說，公廁服務（政府和商業公廁）因為蓬勃的糞便買賣而得以持續，惟一直以來大家都很少注視到政商在糞便買賣上，潛在的政治經濟動態對公廁發展的重要性。

糞便對於公廁的持續性非常關鍵，為其發展和政商關係加

添複雜性，故此有需要先行對 19 世紀珠江三角洲絲綢發展有一基本了解，當地的糞便需求如何帶動香港商業公廁興建熱潮。追源溯始，早於西漢（公元前 140 至 87 年）珠三角已開始生產絲綢，及至明朝中葉（公元 1425 至 1590 年）絲綢成為重要出口產品（中國社會科學院，2004，頁 1，47）。至於和環球絲綢市場更廣泛的連結則始於第一次鴉片戰爭後，中國被迫開放門戶，又適逢法國和意大利的絲綢生產於 1850 年代遭受蟲禍，國際市場對中國絲綢更形倚重（Eng, 1986; So, 1986）。

不過，上海的絲綢生產在太平天國期間（1850 至 60 年代）遭受破壞，生產遂向南移。1845 至 1867 年間，珠三角絲綢出口瞬間由 2,600 擔增加至 9,000 擔，種桑的農地亦由 3,500 公頃增至 12,600 公頃（So, 1986: 80），增長勢頭一直持續至 1920 年代。20 世紀初，一名旅遊作家這樣描繪在當地的所見所聞：「在此三角洲，最少有 1,000 平方哩面積種植桑樹。乘船在區內行走一天，見的全是桑田……」（So, 1986: 78）。

以桑葉餵飼蠶蟲為南中國絲綢蓬勃發展的基礎，這自然激增對優質糞便的需求，臨近河道的絲綢重鎮順德得天獨厚，具備成熟的水道網絡，被視為品質優良的香港糞便正是通過虎門水道運抵（圖 4.1，見下頁）。自古以來，以農立國的中國對糞便質素要求甚高，商人不惜穿州過省採購糞便（King, 1911; Xue, 2005）。而為了便利跨境糞便貿易，港英政府在港島沿岸

的灣仔,中環和西環設立十一個糞便碼頭,每天糞便會先運往九龍半島的昂船洲,大約每週兩至三次赴運順德。[5]以 19 世紀末為例,香港年產 360,000 擔糞便(*RUUA*, 1899: 6)。

不論政府和私人辦的公廁均充作糞便收集站,如查維克(Chadwick, 1882: 18)所說,真正利益在於「這些由私人興建和擁有的公廁被當作商業投機」。那麼糞便價值是怎樣獲得政府賞識的?在實行政府公廁制度首兩年,政府按年向糞便承包商支付清理糞便費,以 1868 年為例支出 960 元。[6]隨着 1860 年代中,珠江三角洲絲綢工業的不斷增長,對「Made in Hong

圖 4.1 跨境糞便運輸水路

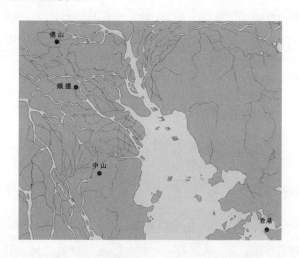

資料來源:
Medical and Sanitary, *HKAR*, 1915, 1916.

Kong」的糞便渴求大增，竟然在香港激發糞便炒賣。炒賣先由糞便承包商區昌利和他的夥伴勞竹笙掀起，前者同時經營豬隻屠宰生意，俗稱「豬肉佬」，並為 1867 年政府公廁糞便承包商。時屆 1869 年，兩人聯手提交標書，此回並不是向政府索款，而是反過來出價 240 元，競投新一年度政府公廁的糞便收集權。此舉讓政府洞悉到糞便有價有市，索性於是年實行糞便投標制。[7] 糞便既為商品，政府壟斷了其轄下公廁的糞便，並將之作公開競投，在糞便買賣投標制下糞便收集權為價高者得，某程度而言有助維持環境衛生，皆因中標者需向政府交款以換取是年承包權，自會勤於收集糞便。這樣政府不單獲得可觀收入同時獲得免費的收集糞便服務。

圖 4.2 政府於 1870 年發出的政府公廁糞便招標公告

No. 75.

GOVERNMENT NOTIFICATION.

Tenders will be received by the Registrar General, until Monday, the 20th instant, for cleansing the Public Dust Bins, and removing the Night Soil from Public Latrines and Colonial Public Buildings in Victoria, for Twelve Months, commencing on the 1st July next.

The Contractor will be bound by the Rules and Regulations made by the Governor in Council on the 21st Day of June, 1867, and by such other Rules and Regulations as may be passed during the period over which the Contract extends.

Each Tender must specify the exact amount offered for the whole year, which sum will be payable in advance, and they must contain the Names and Residences of the proposed Sureties.

Further particulars regarding the number and position of the Dust Bins, etc., can be obtained from the Surveyor General's Office.

By Command,

J. GARDINER AUSTIN,
Colonial Secretary.

Colonial Secretary's Office, Hongkong, 9th June, 1870.

資料來源：
9 June 1870, *HKGG.*

圖 4.3 1872 年，歐昌利再接再厲競投糞便收集權，可惜較最高投標價低了 400 多元，競投失敗。

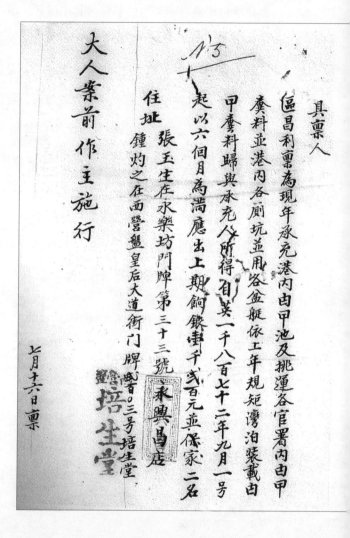

資料來源：
CRN, HKRS 149-2-688, 1872.

糞便有價有市，政府也顧不得那麼多，公然介入糞便生意，將政府公廁和政府建築物內公廁的糞便收歸所有，搖身一變為這些糞便的擁有者，而其公廁服務正是透過糞便售賣而達到自負盈虧。可見政府在公廁朝向市場經濟發展方向上扮演着舉足輕重的角色。如第二章所述，香港成為殖民地初年，政府收入來源甚為有限，為解財困推行餉碼制度（Farm System），實行稅收承包制，將僅有的資源如糞便、鴉片和礦石等，透過競價投標制度將專營權判給承包商，或是收集、銷售或開採，政府從中收取稅款。[8] 此法同時起着實踐政治目的的功能，Munn（[2001] 2011: 99）剖析其中的政治計算，「通過投標將收集這些資源的權利批給中間人，政府便能在最小麻煩和承擔最小責任下確保收入：大大緩減從人們徵收稅項時產生的煩擾和衝突；這樣對收入保證大可放心，因為金錢是按月預繳，而這些承包商又需獲其他商戶擔保；萬一遇有不妥，政府更能夠和有關承包活動保持距離。可見，承包制同時具有政治價值……有助政府鞏固英國在新殖民地的主權。」[9] 類似的承包制也見於其他殖民城市，為了減少種族衝突，並維持基本公共衛生服務和確保財政收入，糞便承包制在上海（Yu, 2010）和天津（Rogaski, 2004）等外國租界獲得廣泛應用。

早於南宋（公元 1127-1279 年）或最遲於明朝（公元 1368-1644 年），糞便買賣便在中國盛行，但一直以來都是私人資產，

主要作農耕之用。可是在港英政府催生的糞便投標制度下，糞便買賣不再囿於私人領域，帶來兩個關鍵轉變。第一，糞便出現質變，政府公廁內的糞便成為官產，收益納入政府財政制度，而這項資源在官產化後更變得政治化，這亦同時掀動糞便投機炒賣；[10] 其次，糞便競價制度連帶商業公廁內糞便的銷售行程也給看俏，結合高地價政策，引發華籍地產商紛紛將物業競價出租作公廁，換取可觀租金（Chadwick, 1882; *RUUA*, 1899）。[11] 由市場主導的公廁服務促進了市場力量，最終帶來遍地開花的商業公廁網絡的形成。余新忠（Yu, 2010）記錄了上海殖民政府如何修修補補中國傳統糞便清理方法，如改用鍍了金屬的糞桶取代木桶及系統化收集糞便的時間，向華人引進衛生現代性。

可是他疏忽了一點，自從實行糞便投標制後加強了糞便的商業化程度，徹頭徹尾扭轉了公共衛生邏輯（施振國，1996；彭善民，2007）。雖然糞便買賣在中國實行了多個世紀，但投標制度卻源於西方，為了補貼政府的糞便清理費用開支，糞便由政府擁有，英國、法國、德國、美國均於 19 世紀實行糞便投標制（Evans, 1987; Hamlin, 1988; Melosi, 2005; Wohl, 1983）。長久以來，亞洲殖民地的農業對糞便均有大量需求，而投標制度很明顯地助長了糞便投機活動，戲劇性地將公廁由公共衛生設施淪為糞便收集站。制度上的轉變動輒影響城市公共衛生管治，而這些影響維持了頗長時間，及至 20 世紀初。

那麼糞便炒賣究竟有多熾熱？1870 年共有二十九份標書競投糞便收集權，投標價充分反映競爭異常激烈：由 400 至 1,656元不等。[12] 兩年後中標價更上升至 2,750 元，其中一名投標者甚至揚言願出價 4,000 元，如政府容許年終結算，而非每半年預付。[13] 某程度上，糞便投機倒把的激烈程度從不斷上升的政府糞便收入中可見一斑（圖 4.4）。當糞便投標制於 1869 年施行，收入僅得 240 元，時屆 1902 年已大幅上升至 67,920 元，增幅幾近三百倍。當糞便收入持續上升，1890 至 1902 年，政府將之獨立歸類為「糞便合約」，1890 年收入為 19,740 元，1902 年飆升至 67,920 元。[14] 銀碼雖小，卻反映了一個令人關注的百分比，為政府總體年收入約一個百分點。很明顯，政府公廁在經濟運作上取得驕人成績。[15] 誠如查維克（Chadwick, 1882）所說，要是糞便沒有賣得好價錢，恐怕公廁服務無以為繼。

公廁選址的張力

雖然糞便收益如此可觀，可是政府公廁的增長速度和衛生水平均令人失望。及至 19 世紀末，維多利亞城只有十數所政府公廁，供應約 110,000 名華人男性使用（*RUUA*, 1899），當中在在透視在高度城市化的殖民城市內提供公共衛生建設的

圖 4.4 政府糞便收入，1869-1920

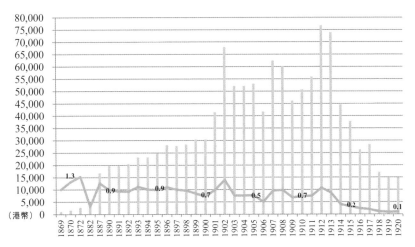

糞便收入佔政府年收入百分比

資料來源：
CRN, HKRS 149, 1869-1887; Nightsoil Revenue, *HKBB*, 1890-1920; Revenue and Expenditure, *HKAR*, 1869-1920.

備註：
1869 年起至 1870 年代尾，糞便收入主要來自維多利亞城內予公眾人士使用的政府公廁和政府物業內供職員使用的公廁，而 1880 至 1920 年的收入則同時包括私人物業的糞便（不包括商業公廁）。看 CRN, *HKGG*, 23 June 1883; HKSSR, *HKSP*, 1890。

複雜性。設於辦公室和餐室內衛生水平較好的公廁，只供歐洲人和富裕階層華人男士享用，因此政府公廁的主要客源為草根階層華籍男性。[16] 在此雙重（種族和階層）歧視下，公廁被標籤為「苦力公廁」（因為這些主顧多為苦力，俗稱咕哩）。作為一所獨特的構建物，充作糞便收集站的公廁大大扭曲了城市景觀，顯然不受歡迎，鄰近物業的地主及地產商大喊物業價值受損，反對理由第二章已述，在此不贅。雖然只作短暫停留，查維克深諳要在土地價值如斯高的香港設立公廁的高難度，他在1882 年發表的報告中慨歎土地價值高昂，不容許進行有關建設（Chadwick, 1882）。很明顯，報告並未能受到政府和土地階級的歡迎，增設更多政府公廁、改善糞廁制度和漸進式實行水廁制度等等建議，通通被束之高閣。[17]

土地價值的高低亦成為政府公廁選址的決定性因素。從一份官方文件清楚看到，以收回土地費用的高低釐定選址，當中反映城市公共衛生管治的背後邏輯，乃以金錢為首要考慮而非人們的需要。[18] 由於維多利亞城最繁華的土地大都已開發，市區內已沒有適合建廁的公共空間，所以政府需要從地產商或地主手上回購土地建廁。以 1906 年為例，中環竹興里一帶房屋的回購價為 2,842 元，較東德里所需的 14,911 元大為便宜，於是被選中為公廁選址。由於土地價格浮動，最終回購價上升至4,800 元，平均每廁格的回購成本為 300 元（共十六格）。雖然

政府仍願意出資回購土地建廁，不過在立法局會議上，兩名頗具名望的華籍議員何啟和韋玉卻反駁選址不當，因為選址被三層高的房屋團團圍着，且靠近這些房屋的廚房所在。何啟批評政府一方面鼓勵在興建房屋時加設窗戶以便通風和採光，但另一方面公廁的設立卻迫使住戶將窗戶關上，防止不潔空氣流入。

眼見有關項目被擱了兩年之多，時任輔政司梅含理（F. H. May）按耐不下發難指，看不到反對在一條橫巷建立如斯小型公廁的理據所在，並質問：「維多利亞城內有很多廁所……，理論上每所均遇有相同的反對，就如資深非官守議員（指何啟）就此（竹興里）公廁選址的爭辯。」弦外之音是既然每所公廁均遇有相同難題，不明何啟何以執着於此，揶揄或許有人在此帶物業發展上存有既得利益。[19]

其實，何啟反對設立公廁早有跡可尋。以 1887 年潔淨局建議在上環（德輔道中和永樂街交界處）興建一所公廁為例，委員何啟極力反駁根本沒有必要設立公廁甚至家廁，只要屋內備有充足糞桶和尿壺便是。[20]他續指政府公廁的衛生水平也不見得比商業公廁優勝，同樣產生滋擾。[21]何啟一直被指為地主的代言人（Choa, 1981; Endacott, [1958] 1973），高姿態反對是項建議或許和公廁地產商蔡贊有關，蔡所擁有的其中一所商業公廁剛好位處德輔道中 116 號（現中環廣場所在位置），靠近局方建議的公廁選址。[22]惡劣的公廁衛生相繼惹來其附近地主及地產商

的投訴，每每迫令政府打退堂鼓。姑且再列舉一些例子，律敦治醫院創辦人的父親 H. Ruttonjee 指在尖沙咀伊利近街的公廁選址，會對他新近開辦位處對面街的酒店構成滋擾，不言而喻，建議遭否決。[23] 香港置地投資公司同樣反對在紅磡機利士路設立公廁。[24] 類似的投訴還有來自保良局董事，反對在該局附近（現上環普仁街）設立公廁，而庇理羅士中學則投訴，和該校連接而位於歌賦街 46 號的公廁產生惡臭，令多名老師病倒。[25]

要找一處令大部分人滿意的公廁選址實在是一大難題。1901 年潔淨局會議上，就局方加建政府公廁的提議，有醫生代表引述署任輔政司梅含理的信指：「建議建立尿廁和廁所談何容易，但要覓得選址實在不易。」[26] 同一會議上，律政司也開腔表示：「不過，每當政府採取積極行動以滿足社區的願望，努力執行潔淨局有關公廁的提議，就會立時遭公廁選址附近地主反對……。這是老問題。大家都知公廁不是一件令人樂於討論或看到的東西，同樣不是人們願嗅到的；姑勿論如何，在香港特有環境下公廁是必需品。」[27] 新聞報導更清楚扼要指出，選址難正是公廁建設的重大挑戰：「根本不可能在反對下，順利在民居附近覓得一處地方設立公廁。」[28] 政府和地產商之間的張力在公廁選址談判上可見一斑，將物業價格下降和公廁設立掛勾，遇有不滿動輒運用手上土地資源竭力反對有關設施，令政府在推行公廁建設上往往遭到阻攔。[29] 很清楚，公廁選址難

反映，坐擁龐大土地資源讓地產商在公共衛生建設上扮演着支配性角色，敢於挑戰城市土地用途（Chu, 2013; Endacott, [1958] 1973）。這標示着地產霸權在公共衛生建設上享有優勢，複雜化了政商關係，讓地產商可以和政府保有討價還價的關係，更令他們可以重塑公廁發展，介入公共衛生管治。

其實，不光地產商和議員持有既得利益，政府同樣有利益在其中。為恐土地收益受損，政府部門亦常反對公廁的設立，最明顯例子是 1906 年潔淨局和其他衛生部門，共同提出在歌賦街靠近庇理羅士中學重建一所公廁的建議。該處面積約 10,000 平方呎，若進行公開拍賣，估計為政府帶來 60,000 元的收益，不難想像公廁建議遭否決。[30] 其他類似提議同遭工務局以類近理由否決。政府部門之間的張力常見諸公廁建設上。在德輔道西和干諾道西交界處的公廁提案中，工務局首長工務司漆咸（W. Chatham）坦言不贊同在主要道路上設立公廁，因為這需動用較多金錢去維持有關服務，而政府部門往往沒有為此預留資金。[31] 這就是政府公廁不足的原因之一，縱使政府順利提供有關服務，公廁通常被安排在和政府浴室、街市和屠宰場同一座的政府建築物內，旨在解決公廁選址難的問題。[32]

這邊廂政府在提供公廁服務上有困難；另一邊廂商業公廁卻成功地興建和持續服務逾半個世紀。從土地資源中衍生而來的土地權力增強了華籍地產商的結構性位置，不獨賦予他們牽

制政府提供有關服務，同時促進公廁服務。接着下來會討論公廁設立和公廁地產商的土地源控制之間的關係。

地產項目：地產商投身公廁市場

殖民管治設計為小政府，為資本主義擴張提供支持力，公廁運作既由市場主導，其衛生水平、數量和所在位置全然由市場力量決定。環球絲綢工業興旺，結合中港跨境的糞便收集和買賣，自 1860 年代末起在香港發展出一個商業公廁網絡，以商業模式運作充當糞便收集站。[33] 由於糞便買賣利潤甚為可觀，糞便承包商不惜以高價向公廁營辦者收購糞便，所以後者亦願意以高價承租公廁。再者，入行門檻甚低，只需每月向政府繳交每個廁格 60 仙的稅款便可經營，[34] 這些條款對營辦者十分有利。解決草根階層日常大小二便在 19 世紀時十分緊急，為了增加公廁服務，當 1867 年首度引入政府公廁制度時，政府亦分別將灣仔船街和上環弓絃巷的官地批予彭華（身兼建築承包商和物業炒家）和宋興（上環太保）經營商業公廁，[35] 為本地商界提供商業契機。在鼓勵商界介入公廁服務上，政府扮演一個非常關鍵角色，間接促成商業公廁大量集中在華籍大地主手上。

而收益則來自糞便買賣和入場費（1 至 2 銅錢），在有利

可圖下公廁服務獲得持續（*RUUA*, 1899: 2）。由於政府公廁嚴重不足，所以商業公廁的使用率頗高，以一家位處海旁，內設五十一個廁格的商業公廁為例，每日有多達 4,000 人次光顧，意味財源滾滾來（Chadwick, 1882: 18）。既有利可圖，跨國企業如渣甸洋行和禪臣洋行亦不甘後人在灣仔持有商業公廁。[36] 由此可見，公廁市場並不是一門令人鄙視的低賤生意，在某種意義上它是一門非常特別的生意。

有些公廁地產商持有多個公廁出租。[37] 圖 4.5（見下頁）顯示當政府糞便收入不斷上升之時，商業公廁數目亦一直高企；雖然是項收入未能充分反映有關公廁營辦者的糞便收益，但或多或少看到糞便的高需求和高價值為持續商業公廁的經濟誘因。這類公廁在短短一年間，由 1867 年的六所激增至 1868 年的二十二所。

華籍地產商於 1867 年政府引進公廁制度後廣泛地介入公廁市場，透過將物業出租作公廁以換取高租金回報。在高地價政策下公廁租金不斷被推高，較諸住宅租金高逾百分之十五至二十。[38] Logan 和 Molotch（[1987] 2007: 21, 24）表示租金的差別高度「依賴其他部分的命運，和哪些人擁有和使用它們……經銷商可能不獨依賴附近的大量人羣，同時還得具備某特定種類的住宅區。正如猶太教屠夫需要猶太人；一家高級時裝店需要有品味的富有人士」，而不是純粹地套上供應和需求的算式便能計算得到。

圖 4.5 公廁數目和政府糞便收入，1865-1930（以千元港幣計）

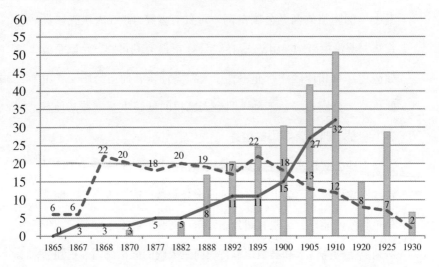

資料來源：

Chadwick,1882; Crown Property, *HKBB*, 1891-1911; *HKRS* 38-2, 1865-1930, HKRB; *RUUA*, 1899. 按年政府糞便收入看圖 4.4。

備註：

1）1869 年前沒有糞便收入。由於資料有欠，未能確定 1877 年的收益。

2）沒有紀錄顯示 1920 年起的政府公廁數目。

3）1895 年前的時間分佈並非按特定間距，而是公廁發展事件關鍵性而定。1865：政府差餉紀錄冊內首度見維多利亞城設有商業公廁；1868：政府引入公廁制度翌年，採用糞便投標制前一年；1870：糞便投票制實行翌年；1877：港督軒尼詩首年施政；1882：1881 年地產市場泡沫爆破翌年；1888：1887《公共衛生條例》頒佈翌年；1892：《公廁條例》公佈翌年；1895：1894 年大瘟疫爆發翌年。

商業公廁的租金被看高一線，乃因為它們具備四項空間優勢，性價比頗高。第一，在高地價政策下，土地供應有限，一地難求，土地價值特別高。第二，為了增加使用率，公廁悉數集中在華人社區，這兒幾近全為質素低劣、內不設家廁的房屋，公廁多毗連民居而建或設在街頭巷尾，因利成便草根階層華籍男性自然成為這些公廁的常客，供應源源不絕的糞便。第三，公廁內精心佈局旨在安插更多廁格以收集更多糞便。相比政府公廁，商業公廁大多超逾二十個廁格，某些旺點如德輔道、孖沙街和皇后大道西的客流量十分高，甚至設有四十格之多（*RUUA*, 1899）。當中以皇后大道西 256 號為最大型達五十六格，為了吸引人們光顧，此廁設有兩個入口，可同時由上路的第一街 29 號進入。第四，這些公廁獲安插在公廁地產商的物業羣內，一圈圈的「勢力影響範圍」有助封鎖公廁對周遭房屋帶來滋擾免遭投訴（將在第五章詳加討論）。這些特有的空間優勢滿足了公廁營辦者對地點和空間的需求，自然較闊綽願出高價承租商業公廁。

不過，這些設有相當數量廁格的商業公廁在衛生上肯定是一大問題。正如查維克（Chadwick, 1882: 18）所說：「這些公廁為龐大建築，通常屹立或靠近民居或店舖，內設很多沒有頂而只設等腰高的小型間隔。間隔內備有座廁甚或平台，其下有一木桶收集糞便。同時備有陶製尿壺收集尿液……。其中一所公

廁的座廁設於上層，透過金屬管道將糞便由上引接至樓下那層的地面，這安排令人噁心，因為根本無從清理管道。整體而言，無論從公廁所在地和興建質素兩方面，現有公廁均令人感到厭惡和滋擾，由於它們內裏空間設計十分擠迫，為衛生改善加添難度。」再者，它們大都建成類似一座座房屋般，有的甚至兩至三層高，三面被房屋團團圍着（*RUUA*, 1899）。有趣的是，這些龐然巨物往往設於街道轉角處或橫街窄巷，企圖遠離人們的視線和嗅覺，其中以弓絃巷、香馨里、山道、安寧里和三多里的公廁為最好例子。[39] 相反，政府公廁多遠離民居，且大多設於政府建築物內，和屠場與街市同置一座，並且在公廁外圍預留一定空間作緩衝區，以免對附近居民形成滋擾。[40] 惟公廁經營一方只對租金感興趣，對公共衛生不顧，不難想像這些公廁並沒有得到妥善管理，難免對人口密集的華人社區構成滋擾。[41]

惟依仗公廁地產商的土地資源控制權，這些令人噁心的商業公廁卻成功地在同一位置提供服務逾半個世紀或以上。[42] 根據實證研究，筆者發現公廁地產商們均大量投資在地產市場，所設公廁大都接連他們的物業而建（這點會在第五章詳談），形成類似「勢力影響範圍」起着緩衝作用，達到封鎖減少臭味外溢。空氣隨風飄散難以封鎖，這裏指的封鎖並非真實上而是政治效果，在不作自家投訴下，只要公廁地產商緊握土地資源，公廁服務的持續性便有所保障，這即是說其持續性緊扣於地產

商的財富——主要投放在土地買賣。例如，弓絃巷 38 號（鄧六家族持有）、德輔道中 116 號（蔡贊）和三多里 3 號（葉晴川）的公廁歷經兩至三代人。

作為一門生意，公廁不時易手，多數因為原公廁地產商破產，出現財政困難又或投資重組。皇后大道西 256 號公廁便在七十年間由四個不同家族持有。[43] 在這裏簡單追蹤此座廁所的易手過程，最先於 1868 年由郭松設立，1873 年轉售予曹永容，而曹氏則於 1880 年代初出售給許祖，以償還大家長曹永容逝世後所欠下的債項。時屆該年代末，此廁落入鄧六（又名鄧懷清）家族手上，歷時幾近三十年之久。另一例子為大量投資於地產市場的吳洼，1881 年市場爆破後受不住打擊而病故，根據施其樂牧師（Smith, 1971: 100）所説：「（吳）在 1881 年土地炒賣中受到致命一擊，損失慘重。財政困擾令他的健康走下坡，最終於 1883 年逝世。他的顧主控告吳家，要求變賣物業抵債。」其家人後把律打巷（現上環普慶大廈所在）公廁所在地出售償債。

究竟商業公廁回報有多吸引，足以令人趨之若鶩？從一名在糞便和垃圾堆中置富的商業公廁地主陳培的個案中，或可略有體會。[44] 商業公廁發展甚為熾熱，面對高厚利潤，糞便和垃圾承包商如陳培、許祖和曹保滔也興致勃勃加入公廁市場。[45] 陳培初於 1884 年承包屠宰場的垃圾收集，並於 1889 年擴而至政府公廁的糞便收集，四年後接着承包地面垃圾的收集。[46] 單

是糞便收集一項，1890 年聘請了四十五名糞便苦力（俗稱夜香佬）收集糞便，九名公廁服務員清潔公廁，四十八名船員和十三名領班，規模可不少哩！的確，承包制為各式各樣的承包商提供了積聚財富的可能性（Trocki, 2006）。曾任拔萃女書院老師和校長的 Catherine Joyce Symons（1996: 5）憶述 1930 年代在該校就讀時，一名同窗的父親正是糞便承包商，最重要是他「成功投得收集香港島的糞便因而致富」。Munn（[2001] 2011: 99）進一步解釋承包制「鼓勵和賦予本地社會精英控制本地社會的能耐。在實踐自家收益之時，承包商對維護殖民地秩序也有所貢獻⋯⋯。對承包商而言，這些營運提供累積財富的可能性，和建立具權力和影響力位置的機會。」

經過不足二十年的努力，時屆 1890 年代中，陳培已持有及承租數個公廁，包括歌賦街 2 號、皇后大道西 256 號、三多里 3 號和孖沙街 14 號。[47] 稱他為「糞便大王」也不為過，龐大財富自然惹人垂涎，1905 至 1906 年間多次被一名歐籍衛生督察勒索超過百元。[48] 由此可見，商業公廁利潤甚為豐厚，可以說它是資本累積的場所，這在陳培於 1917 年所納的遺囑中略見一斑。有趣的是位於灣仔大王東街的六家店舖僅值 15,000 元，上環孖沙街的公廁卻達 21,000 元，雖然陳只佔其中八分之三股份約 8,000 元，惟在其時已是一筆可觀數目了。[49] 其他公廁地產商的詳細背景會在下一章提供。

重疊空間：道德空間和財富累積空間

有別於傳統殖民管治的假設，被視為「權力的空間技術」的公廁主要由華籍地產商所建，而非殖民政府利用「他者」概念凸顯華人隨處便溺，用以控制或調整華人身體習性的空間。同樣，公廁集中在華人社區，乃出於利潤追逐所致，並非政府成功體現其對殖民空間和本地社會存有的階級空間關係，在功能上將該區劃作廢物處理區。

1900 年前糞便和物業的投機倒把甚為激烈，在經濟誘因下商業公廁較政府公廁為多，維多利亞城內百分之七十五的廁格（十九個公廁）為私人所有（表 4.1，見頁 120）。及至 1909 年，兩類公廁全集中在華人社區，[50] 分別為八成和兩成分佈在西華人社區（上環、太平山區、西營盤、堅尼地城）和東華人社區（灣仔）。公廁營辦既以利潤為主導，當則在有利可圖的地方設立，在華人社區設廁甚具經濟意味，該區以草根階層華人男性居住為主，尤其是西華人社區，內裏房屋多不設家廁，絕對是大量吸納糞便的好地方。

弔詭的是設立公廁並將城市空間作功能劃分，達到治理草根階層華人的任務，竟然是在糞便和租金組合而成的「公廁經濟」下，由本地商界代殖民政府實踐。可以説商業公廁是種族和階級矛盾交織而成的產物，匯聚殖民政府和公廁地產商

圖 4.6 由陳培遺囑可見，公廁的價值較一般物業為高。

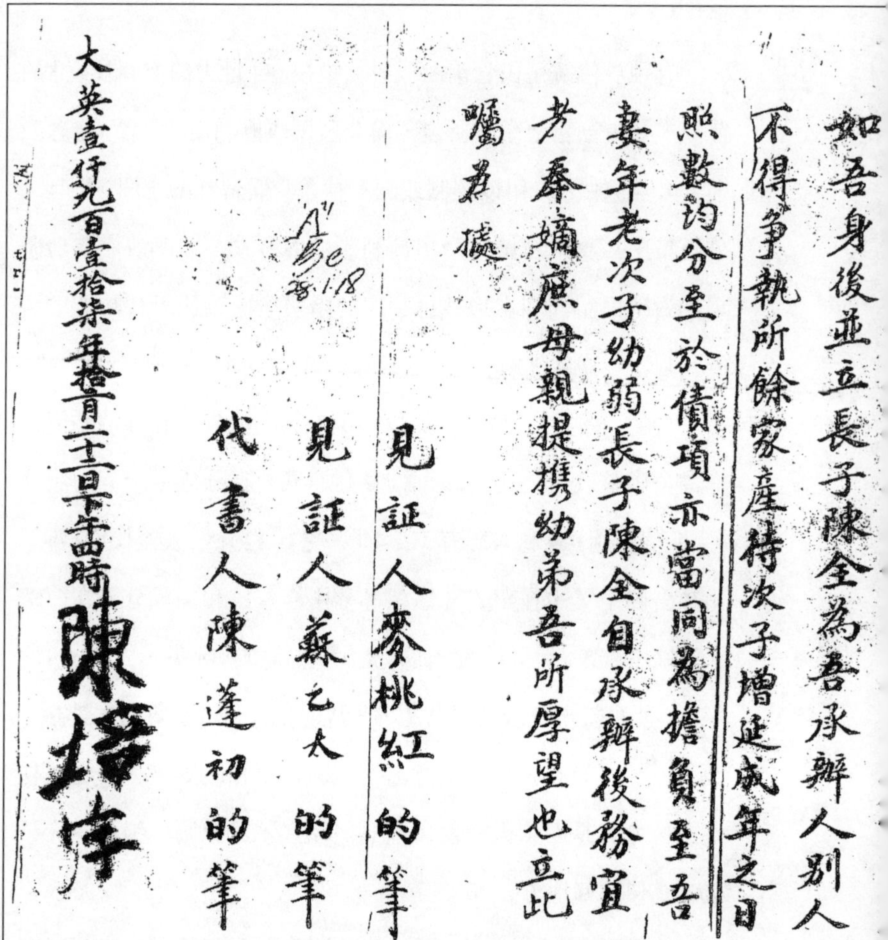

如吾身後並立長子陳全為吾承辦人別人

不得爭執所餘家產待次子增延成年之日

照數均分至於債項亦當同為擔負至吾

妻年老次子幼弱長子陳全自承辦後務宜

芳奉嫡庶母親提携幼弟吾所厚望也立此

囑君擾

見証人麥桃紅的筆

見証人蘇乙太的筆

代書人陳蓮初的筆

大英壹仟九百壹拾柒年拾貳月二十一日下午四時 陳培序

資料來源：
HKRS 144-4-3130, 1918.

遺囑書

立囑書人陳培今因年老病多恐難火存

當吾在世特將吾遺下大王街門牌曲三

號五號比號九號十一號十三號一連六間值銀

壹萬五千元巳向人按揭銀壹萬二千六百元又

孖沙橫街門牌十四號廁所一間值銀二萬一千元

自占八分之三巳向人按揭銀七千元又担保香

港仔及馬頭角承充皇家屠房銀七百元與及

家中等事務全權交與長男陳全永遠管理

表 4.1 維多利亞城的公廁分佈，1899（廁格數目）

區域	政府公廁	商業公廁
銅鑼灣	2（24）	0
灣仔	3（47）	5（70）
金鐘	0	0
中環	0	0
上環	1（13）	5（197）
太平山區	2（68）	1（41）
西營盤	0	6（191）
堅尼地城	4（21）	2（32）
總數	12（173）	19（531）

資料來源：
HKRS 38-2-85, *HKRB*, 1895; *RUUA*, 1899.

備註：
1）區域由港島東至西排列。
2）這裏顯示的公廁和廁格數目有別於 *RUUA*，原因是筆者發現該報告計算有誤。

的利益，而草根階層華人的如廁需要就是操控在這政治和經濟權力結合下的利益同盟。這高度複雜化了視作道德教化空間的公廁和劃作廢物處理區的華人社區的殖民空間生產，為其注入資本生產模式，將殖民空間轉化為商品空間，由市場導向。Lefebvre（1991）指按資本模式生產的空間，在不平等社會關係

下空間呈現不平均發展，譬如衛生設施偏向設於富裕社區。在香港卻出現了一個變異模式，為了追逐最大利潤收集更多糞便，公廁集中在草根階層華人居住的華人社區。但正如前述，這些充作糞便收集站的公廁，被視作疾病源頭多於衛生設施，某程度而言是將社會成本不平均地分佈在此社區，確保歐洲人社區不受疾病侵擾，此點又符合 Lefebvre 所說的不平等社會關係。

公廁的商業潛能將道德空間和財富累積空間集於一體，殖民政府和本地商界從中各取所需，這重疊空間突破了二元對立的空間關係。某程度而言，這點類近 Bhabha（1994）提出的「混雜空間」（A place of hybridity），關係並不嚴格抱持二元對立原則——將兩者扣上主人和僕人角色，而殖民地則純為追逐帝國利益的布景板。在印度的研究中，他發現空間實際上是由兩者在城市角逐中產生的矛盾所建構，而非傳統殖民治理術思想所設想般，殖民政府可任意擺佈殖民空間（King, 1990; McGree, 1967）。處於「內」與「外」之間，矛盾開啟了一道邊界讓不同文化交流，抗衡二元空間關係。Bhabha 強調本地社會並不是物品可任意操控，而是同樣能向政府施以影響力並重塑城市地貌。

的確，殖民地的空間生產並不是機械式的，還須考慮本地社會的抗爭力量（Chattopadhyay, 2005; Kidambi, 2007; Yeoh, 1996），就以香港公廁為例，華籍地產商的參與大力扭轉城市公共衛生的管治形態，商業公廁成為主要公廁模式，連政府也

得倚重之。姑勿論是政府或商業公廁的衛生均強差人意，與衛生現代性扯不上邊；惟在公廁地產商的龐大土地資源下，商業公廁卻能在同一地點順利經營達半個世紀且免於投訴。在殖民政府對惡劣城市衛生的恐懼下，公廁地產商這項特有優勢讓其在城市公共衛生管治上享有話語權。縱然清楚知悉這些公廁衛生有欠，但在財政緊絀和土地資源有限下，商業公廁在地產商發功下維持了基本衛生，為了保障歐洲人社區不受疾病威脅，在現實考慮下政府轉而依賴之，並對其衛生水平大開綠燈，放寬消毒糞便的要求和不作嚴厲檢控，讓公廁地產商得以廉價方法經營公廁，無需就衛生改善作大量投資，增加經營意欲（在第六章詳加分析）。

　　不過，本書並不僅停留在空間的混雜性上，殖民空間生產的複雜毋庸置疑，已有很多研究探討殖民者和被殖民者的城市競逐（Bhabha, 1994; Home, 1997; Ponfret, 2013; Yeoh, 1996），故此嘗試進一步討論究竟華籍地產商如何將殖民空間轉化為商品空間，在空間生產的質變上享有主動權，扭轉和政府之間的空間關係甚至在城市管治上作出共治。可以説，公廁地產商不獨主導了公廁發展，而商業公廁在華人社區林立經年，同時展現了他們在城市空間所享有的空間霸權。Chattopadhyay（2005）提出地產市場的發展激發資本家重新界定殖民政府原先設計的城市空間用途，對在印度加爾各答的歐籍地產商而言，個人在

地產市場的利益較諸帝國擺政治姿態重要得多，在利潤驅使下歐式房屋瞄準的顧客對象不論種族，誰花得起錢便可入住。

現有研究中從經濟角度探討殖民地空間生產的，有兩方面：Home（1997）、King（1990）和 McGee（1967）將焦點放在殖民主義、城市化和世界經濟之間的關係，如何影響殖民空間的設計；而 Chattopadhyay（2005）和 Chu（2013）則展示了歐籍和印度地產商在物業利潤驅使下，顧不得種族分別而將物業出租給有能力的承租者，又或合力發展地產市場，打破二元關係。然而，前者建基於歐洲中心主義（Eurocentrism），從殖民政府視角看殖民空間，且高估其對空間的操控，無視本地社會的角色；後者純為追蹤地產商回應市場需要，而非其主動策劃城市空間的生產模式。綜合而言，鮮有探討本地地產商如何動用土地資源介入空間生產的資本生產模式，從香港個案看到公廁商品化對殖民空間商品化起着關鍵性作用，殖民道德空間竟是在「公廁經濟」下生產而成，意味殖民政府和本地社會的空間關係並非固守不變，而可由利潤協調且達成利益同盟，帶來殖民空間關係和空間生產模式的轉變。

總結

　　在巨大經濟利益驅使下，公廁不一定為公眾利益而建，反而被當作糞便收集站而非衛生設施，顯然有違殖民現代性論述下公廁作為象徵衛生現代性的道德空間。說穿了，商業公廁實際上是多種條件組合而成的副產品：對歐洲人受到頻繁疾病污染的恐懼感，蓬勃的地產市場，還有在環球絲綢市場影響下珠江三角洲急速發展的絲綢生產和工業。這些不同條件的組合，相互交織着各種社會條件，凸顯特有時空下的動態性，而殖民政府和華籍地產商均為遍佈華人社區的商業公廁的推手。以物業發展為主的資本主義下，把城市基礎設施的興建和運作重任放在地產商肩上，顯示商業公廁是在土地權力的雙重性（牽制性和促進性）中衍生而出，地產商一方大力反對政府介入公廁市場，另一方在自家土地上大建商業公廁。以資本主義模式經營的公廁，大大複雜化了政商在城市公共衛生管治上的角色。第一，被充作道德空間的公廁由地產商投資興建，且全集中在華人社區，成為集道德教化和經濟利益於一體的重疊空間。在這裏，不單看到關係並非必定處於二元對立和一成不變，且可以甚為動態和有協商空間的，更為重要的是這種動態關係可由利益協調。第二，由市場主導道德空間的建設。第三，城市基礎設施及服務由本地商界提供，模糊了殖民者和被殖民者與政

府和商界等領域的固有界線和公共角色。

毋庸置疑，能夠帶來巨大利潤的糞廁肯定成為殖民地的主要公廁制度，政商在糞便和土地收益上分享着共同利益，可是鮮有研究注意到錯綜複雜的政商利益所潛在的政治張力。作為一門生意，衛生淪為次要，不過商業公廁卻屹立在鬧市經年，如果沒有公廁地產商龐大的土地資源支撐，恐怕難以成事。在接下來的一章，會從土地權力的促進性一面詳細討論「勢力影響範圍」的形成，探討除了依靠地產商的土地資源，還怎樣結合社會精英網絡使得商業公廁得以持續服務，透視殖民政府和華籍地產商共謀下的城市管治面貌。

圖 4.7 維多利亞城華人社區內的公廁版圖，1900

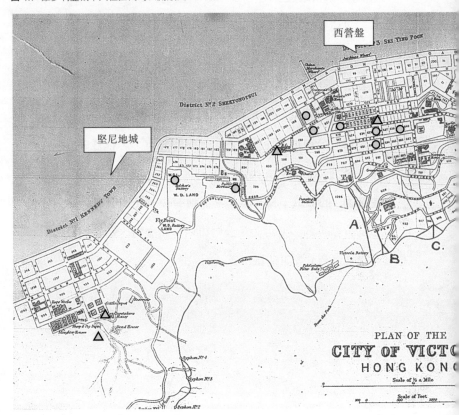

○ 商業公廁
△ 政府公廁

資料來源：
Crown Property, *HKBB*, 1900; HKRS 38-2-85, *HKRB*, 1896; *RUUA*, 1899.

備註：
此圖沒有顯示東部華人社區灣仔及銅鑼灣的公廁分佈，該處有四所商業及五所政府公廁。

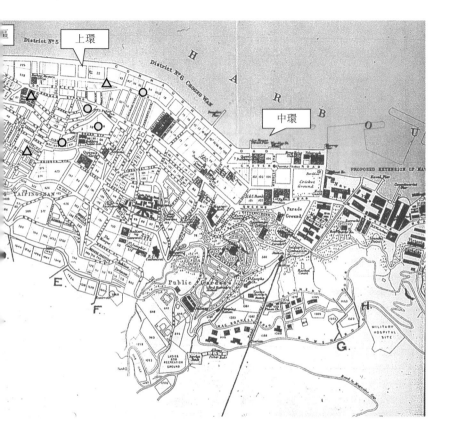

表 4.2 商業公廁地點和公廁地產商姓名，1865-1930

區域	地點（廁格數目）	1865 (6)	1868 (22)	1870 (20)	1877 (18)	1882 (20)	1888 (19)
堅尼地城	卑路乍街 2-12 號後（52）						
	山道 28 號 （8）[1]		Bw Ming Chow Tong	Chiu Yun	Cheong Yuk-shang	Cheong Yuk-shang	Cheong Yuk-shang
西營盤	正街 50 號 （28）					郭松家族	郭松家族
	第 街 29 號 （56）			郭松 曹永容	曹永容家族	曹永容家族	許祖
	第一街 82-84 號 （48）						
	第二街 89 號[2]				Yun Leo	徐章龍	徐章龍
	第二街 113 號 （23）						
	高街 23 號						
	安寧里 12 號 （19）					曹永容家族	曹永容家族
	西安里 8 號				Chor Tak-ki		
	三多里 3 號 （16）				吳洼	Chung Shui-hung	葉晴川
	德興里東 6 號[3]	Hoong Chaong	Hoong Chaong	襌臣洋行	襌臣洋行	襌臣洋行	襌臣洋行

128

1892 (17)	1895 (22)	1900 (18)	1905 (14)	1910 (12)	1920 (8)	1925 (7)	1930 (2)
		不詳					
Chung Yuk-tong	Nin Shi-kam	不詳					
郭松家族	郭松家族	不詳	Mrs. Katie. David	Mrs. Katie. David			
鄧六家族	鄧六家族	鄧六家族	鄧六家族	鄧六家族	鄧六家族	鄧六家族	
	許祖	許祖	盧冠庭	盧冠庭	鄧六家族	鄧六家族	
徐章龍	Lui Shung	不詳					
	彭華家族						
曹永容家族	曹永容家族	不詳	陳培	陳培	麥桃紅	Ho To-hang	Lau Tsuin-kwai
葉晴川家族	葉晴川家族	葉晴川家族	葉晴川家族	葉晴川家族	葉晴川家族	Tsung Po Land Sweet	Tsung Po Land Sweet
襌臣洋行	襌臣洋行						

區域	地點（廁格數目）	1865	1868	1870	1877	1882	1888
太平山區	1 Chee Chee Lane[4]		彭華	彭華			
	街市街 2 號[5]		張亞秀				
	街市街 3 號	Cheong A-choy	Rde Rozario	郭松			
	街市街 32 號						
	東街 46 號[6]			Wong A-shing	郭松		
	東街 60 號		Lum Fo Yow Tong	Lum Fo Yow Tong			
	荷里活道 192 號						Leroiow
	皇后大道中 340-344 號[7]		張亞秀				
	樂古道 3 號[8]						
	普仁街 2 號[9]			Ly Sne-guong			
	普仁街 5 號	Tsig Kee	不詳	禪臣洋行			
	磅巷 1 號 （41）		郭松	郭松	郭松	Ho Tsim	吳秉森
	磅巷 8 號		Lum Tun-kee				
	磅巷 25 號		Lum Tun-kee				
	律打巷 1 號[10]		不詳	吳泩	吳泩	吳泩	鮑秉鈞
	律打巷 5 號		A Fow	吳泩	吳泩	吳泩	

1892	1895	1900	1905	1910	1920	1925	1930
	許祖						
	彭太元 ＋ 鄺錦堂						
吳秉森	吳秉森	不詳					
Li Tung- shan	陳培						

區域	地點（腳格數目）	1865	1868	1870	1877	1882	1888
上環	弓絃巷 38 號（40）	宋興	宋興家族	宋興家族	宋興家族	鄧六	鄧六家族
	2 Chu Tsze Lane [11]				彭華	彭華	彭華家族
	干諾道 [12]						
	德輔道中 116 號（48）		蔡興	蔡興	蔡興	蔡贊	蔡贊
	德輔道西 [13]	Kwong Yung					
	歌賦街 2 號（27）						
	香馨里 3 號（42）		曹永容	Lee A-lok	Lo Fat-yuen	Lo Fat-yuen	黃義隆
	孖沙街 14 號（40）			How A-shun	Lau Ting	鄭星揚	不詳
中環和中半山	敦和里 2 號		不詳				
	堅道 20 號		Lun Teen-wah	Sunteen Who			
灣仔	皇后大道東 59 號 [14]					牧師 G. Burno	
	堅彌地街 12 號（20） [15]		Chung Lo-luey	Chung Lo-luey	Loo Yew-wah	Loo Yew-wah	Loo Yew-wah
	船街 23 號（10）		彭華	彭華	彭華	彭華	彭華家族
	船街後巷 [16]	Choy Hoam					
	石水渠道 30 號（26）					曹保滔	曹保滔
	大王西街 13 號（9）					渣甸洋行	渣甸洋行
	灣仔道 57 號		Cheep Yuen	Cheep Yuen	Tsap Woh-tong		

資料來源：

Crown Property, *HKBB*, 1891-1911; HKRS 38-2, *HKRB*, 1865-1930; HKRS 58-1-14-98, 1899; *RUUA*, 1899.

備註：

1）前為 12 Tung Wo Lane East
2）前為 69 號
3）前為德興里東 6 號，此巷已不存在，只知近鹹魚街
4）此巷已不存在，只知近普慶坊
5）此巷已不存在，只知為現普慶坊所在
6）前稱 East Street
7）前為西街 2 號
8）前為西街 23 號
9）前稱墳場街
10）此巷已不存在，只知位處現普慶坊大廈
11）此巷已不存在，只知位處上環
12）具體號碼不詳
13）同上
14）前為 10 Cheung Kang Lane，此巷已不存在
15）前稱 Pond Street
16）此巷已不存在

1892	1895	1900	1905	1910	1920	1925	1930
鄧六家族	鄧六家族	鄧六家族	鄧六家族	鄧六家族	鄧六家族	鄧六家族	
Loo Yew-wah							
蔡贊	蔡贊	蔡贊	蔡贊家族	蔡贊家族			
陳培	陳培	陳培	陳培	陳培	陳培		
黃義隆	黃義隆	黃義隆家族	黃義隆家族	黃義隆家族			
Li Hiung	陳培	陳培		陳培 + 古輝山	陳培 + 古輝山	Yeung Ho	
Loo Yew-wah	Loo Yew-wah	Loo Yew-wah					
彭華家族	彭華家族	彭華家族	彭華家族				
曹保滔	曹保滔	曹保滔	曹保滔	曹保滔	鄧六家族	鄧六家族	
渣甸洋行	渣甸洋行	不詳					

133

註

1　HKRS 38-2, *HKRB*, 1868.

2　CRN, HKRS 149- 2-534, 1869.

3　糞便承包商需要競投收集政府公廁內糞便的權利，同註 2。及至 1890 年代，是項專營權同時包括私人物業內糞便（不包括商業公廁），HKSSR, *HKSP*, 1890。

4　Crown Property, *HKBB*, 1891-1911; HKRS 38-2, *HKRB*, 1867.

5　1867 Order and Cleanliness Ordinance, *HKGG*, 22 June 1867; Medical and Sanitary, *HKAR*, 1910-1920.

6　同註 2。

7　同註 2。

8　Schedule of Taxes, *HKBB*, 1870-1890.

9　參看 Davis to Stanley, CO 129/6, 29 June 1844, pp. 302-305。

10　1882 年數字顯示，糞便承包商出價 17 至 20 仙競投一擔糞便，Chadwick, 1882: 21。時至該世紀末，在香港的投標價上升至 23 至 28 仙，而在一河之隔南中國的售價則為 70 仙，利潤甚為可觀，*RUUA*, 1899。

11　參看 *HKT*, 26 March 1891。

12　CRN, HKRS 149-2-581, 1870.

13　CRN, HKRS 149-2-688, 1872.

14　糞便收入於 1890 年前被納入「雜項收入」，1903 年起重新歸類為「廢物合約」，內含其他廢物的承包收益。這表示 1890 年前和 1903 年後糞便收益未足以獨立入賬，Nightsoil Revenue, *HKBB*, 1870-1920。

15　多項專營權均採價高者得的承包制，包括糞便收集、鴉片銷售和礦石開採，在 1840 至 1870 年代期間，總計收入佔政府年收入百分之十至二十五，Munn, [2001] 2011: 99。某程度而言，糞便專營權貢獻百分之一，不可小覷。

16.　至於公共女廁最早見諸 1880 年代初，主要供在灣仔船街一帶工作的客家女苦力使用。富裕階層女士的公廁則欠奉，因其時仍抱持女士上公廁有違華人文化的觀念。看 Chadwick, 1882。

17　Correspondence regarding the Sanitary Condition of Hong Kong, *HKSP*, 1901.

18　Chuk Hing Lane, *HKSP*, 1908; *HKH*, 18 June 1908.

19　何本身沒有介入地產市場，但他的家人卻積極介入，Smith, 1971。不過他和地主們卻有緊密關係，看 Choa, 1981。

20　MSB, *HKGG*, 29 October 1887.

21　政府公廁同樣十分惡劣，*RUUA*, 1899。

22　*HKRB*, HKRS 38-2-57, 1887.

23　*CM*, 13 August 1901; *HKT*, 15 May 1900; Latrine in Elgin Road, *HKGG*, 10 February 1900.

24　*HKH*, 27 February 1902.

25　有關保良局的投訴，看 Annual Report of the Department of Public Works for the year 1899, *HKGG*, 14 April 1900。就學校的投訴，*HKDP*, 27 October 1899; Gough Street Latrine, HKRS 202-1-10-6, 1904, and Public Bath-houses, HKRS 202-1-14-26, 1905。

26　*HKH*, 27 February 1902.

27　同上。

28　*SCMP*, 19 June and 4 December 1908. 有關公廁投訴，參看 Latrine behind the Harbour Office, HKRS 203-1-25, 1903; *HKT*, 26 March 1891 and 5 November 1904。

29　*HKT*, 9 February and 26 March 1891; *SCMP*, 1 July 1904。

30　*SCMP*, 25 January 1906 and 18 January 1907.

31　*HKT*, 18 January 1907.

32　Crown Property, *HKBB*, 1891-1911.

33　HKRS 38-2, *HKRB*, 1867-1920.

34　稅項首度列於 C.S.O. 1775 of 1873，不排除徵稅安排始於此年，即公廁制度引入香港後六年。參看 Schedule of Taxes, *HKBB*, 1883。

35　除了繳納稅項外，彭華的公廁同時需持有寮屋牌照，按法例所訂持有此牌照者需繳付差餉，並在政府下令徵用土地的一個月內交還土地。看 Latrine at Ship Street, HKRS 58-1-14-98, 1899。至於宋興的公廁，看 HKRS 38-2-3, *HKRB*, 1865; Soong Hing, HKRS 144-4-180, 1867。介乎 1853 至 1861 年間。政府成立地保制度實行以土制土，由華人自行處理之間的紛爭和雜項，地保對所屬區域內的公共衛生負有責任，Chan, 1991。

36　HKRS 38-2, *HKRB*, 1870-1910.

37　同上，1865-1910。

38　*HKT*, 26 March 1891.

39　HKRS 38-2, *HKRB*, 1870-1895.

40　Crown Property, *HKBB*, 1891-1911.

41　參看註 37；Rats Infesting Public Latrines, HKRS 202-1-11, 1904。

42　HKRS 38-2, *HKRB*, 1865-1930.

43　由郭轉手至曹，Quok A Cheong to Tsoo Wing Yung, HKRS 265-11A-887-5, 1873。如欲多了解曹永容，看 *HKDP*, 30 September 1885。曹永容是早年香港社會精英，1876 年名列首二十名納稅人之一，其名字和澳門地產巨擘曹有（20 世紀初頗具名聲的立法局議員曹善允之父）之弟 Tsoo Wing-chow（別名曹安）十分相似，可惜未能找

得相關資料佐證是否親屬，暫且存疑。

44 在本研究中，陳培並不列作地產商，雖然他也有土地且用作商業公廁，不過土地資源甚為有限，主要是租廁經營，不足以左右公廁發展。

45 有關許祖，General Scavenging, HKRS 149-2-1233, 1886。至於曹保滔，同註 13。

46 Removal of Excretal Matters, HKRS 149-2-1415, 1889; Sanitary Superintendent's Report, *HKSP*, 1890; Slaughter House Farm, HKRS 149-2-1123, 1884.

47 HKRS 38-2, *HKRB*, 1895-1918.

48 *SCMP*, 23 August and 25 October, 1906.

49 Chan Pui, HKRS 144-4-3130, 1918. 陳培其中一名公廁合夥人古輝山在 19 世紀末和 20 世紀初，經常出任保良局和東華三院主席一職。他更聯同其時的大亨何東之弟何福（渣甸洋行買辦）、梁安（曾任東華主席）、何啟、韋玉等城中華人領袖創辦中華總商會，施其樂牧師資料集。

50 1909 年政府在靠近中環山頂纜車山腳總站，設有一公廁專供在該處謀生的人力車夫使用，Crown Property, *HKBB*, 1911。

第五章

公廁景觀 ——
地產霸權成就商業公廁

公廁地產商運用土地權力牽制政府公廁設立之時，大肆興建商業公廁，究竟他們的廁所又是怎樣在其雄厚土地資源下，持續提供服務逾半個世紀及至 20 世紀初？針對公廁選址難，這裏採用兩項表現指標評估商業公廁的持續性：一，長時間在同一地點經營；二，免遭投訴。持續性並不單純理解為公廁地產商雄厚土地資源的副產品，更關乎他們之間，甚至和政府以至其他社會精英之間在特定時空下的政治經濟關係。本章分為兩部分，第一部分主要探討土地權力促進性一面，如何通過成立「勢力影響範圍」持續商業公廁服務。範圍的形成顯然是一項經濟策略，公廁地產商處於地產霸權階梯上的結構性位置，保證了公廁的持續性，有趣的是他們在保護自家的土地和公廁利益之時，間接持續了公廁服務和保持基本公共衛生，為政商關係帶來政治效果，擴大本地商界介入城市管治的幅度。第二部分將從個人、社會、商業和政治聯繫，勾畫此「勢力影響範圍」背後的利益集團如何支撐商業公廁的設立。

「勢力影響範圍」：解決公廁投訴的政治方法

公廁被視為疾病爆發的潛在源頭，且常和混亂聯繫上（Andrews, 1990; Hamlin, 1988; Wohl, 1983），對公廁的歧見大

都源自污垢的概念，第三章已述，在此不贅。19 世紀時，人們普遍相信公廁產生的瘴氣是疾病爆發的其中一個源頭（Barnes, 2006）。首位英國衛生專員 Edwin Chadwick（1997）甚至指所有氣味均是疾病，Bashford（[1998] 2000: 5）剖析箇中原因：「疾病的爆發被理解為對附近環境已分解和腐爛東西的反應——人類糞便、污垢的累積、污水、污穢氣味。而氣味甚至被視作傳播疾病的主要媒介。」糞便放在糞桶內一整天，分解並釋放出氣體污染附近的空氣，相信香港商業公廁的氣味必定濃烈異常。而由於糞便利潤是公廁地產商持續有關服務的最大誘因，為保利潤不受損，任何除臭劑或消毒用品均不會應用在糞便上，以確保其肥料價值。由於商業公廁內的糞便為私人資產，故此政府無權消毒這些糞便（*RUUA*, 1899: 1）。與此同時，清理糞便的方法同樣有欠理想，常常污染街道。

一份政府報告這樣描述鄧六家族持有的皇后大道西 256 號公廁：「這座磚造的建築物日久失修，被房屋重重包圍，入口設於皇后大道西一條三呎小巷內，另一入口是第一街。公廁深入第一街地底十七呎。光線和空氣甚為惡劣，鋪了磚瓦的腳踏，其表面石屎的質素十分差勁，為通往方形糞坑的通道。」（*RUUA*, 1899: 9）[1] 為了緩解公廁對附近環境溢出臭味的影響，公廁入口往往設於橫街窄巷，這無疑阻礙了空氣流通和採光。上述的報告大肆批評商業公廁建造粗糙，且不恰當地夾雜於人

口密集的民居當中，實在有需要拆除。

　　雖然政府接獲不少公廁滋擾的投訴，但這都不是衝着臭味最濃烈的商業公廁而來，而是來自地主或地產商投訴政府公廁並指這會危及物業價值。為何商業公廁免於難？有說因為早年人口流動性高，人們無暇兼顧臭味；或樂於享用免費午餐，某程度而言公廁總算維持了基本衛生；又或在一個具階級性的社會內，草根階層有怯於投訴；甚或有說在農耕上使用糞便作肥料在中國已達千年以上，華人對臭味習以為常。種種論述有其一定合理性，惟仍然不足以解釋為何政府公廁首當其衝，而商業公廁則安然無恙。再者，這亦太快下結論說商業公廁得以持續乃政府的管治策略，基於政府利益容忍這類公廁。此論點強調的是高政府能力，一個連自家公廁服務也未能捍衛的政府，又怎能擔保商業公廁服務的持續性呢？

點線面的形成過程

　　透過重組《香港差餉註冊紀錄》的資料，筆者將公廁地產商及其家族所持有的土地在地圖上勾畫出來，再配對商業公廁所在，得出一個意想不到的圖像，清楚看到這些公廁基本上安插在其所屬地產商的物業羣內，儼如「勢力影響範圍」將之重重包圍（圖 5.7，見頁 168），相信這有助封鎖廁所帶來的氣味滋擾，為其得以在鬧市持續的秘訣。追溯 1865 至 1905 年的差餉

紀錄，可以發現這些範圍的形成過程與公廁地產商的土地投資息息相關，1880 年代初一個個範圍逐漸成形，正好配合 1870 年代末親華港督軒尼詩（1877-1882）放寬華人購買歐洲人房屋的政策。

範圍的形成是很片斷式的，公廁先行毗連公廁地產商的物業而建，形成小型緩衝區，隨着愈來愈多土地落入同一地產商手上，緩衝區漸漸擴大，由緊接公廁的範圍擴至公廁所在的對面街道，逐步覆蓋小社區。形成過程可說是經過點線面的歷程，雖然各個範圍的界線無從清楚界定。操作原理甚為簡單，最接近公廁的四周可被視作內圍，順勢推出為外圍，當這範圍的土地日漸掌控在同一公廁地產商手上時，自然而言賦予他們在地區上享有話語權。在自己不投訴自己下，「勢力影響範圍」有助封鎖公廁滋擾。

大致上，它的形成過程分兩個階段：初始階段，1860 年代中至 1870 年代中；成熟階段，1870 年代中至 1890 年代末，這均與公廁地主的土地資源控制掛勾。[2] 踏入 20 世紀，糞便市場波動和土地資本大減，公廁地產商紛紛撤離公廁市場，除了一個個「勢力影響範圍」消失外，亦出現了商業公廁倒閉潮，詳情在下一章討論。為防止這些公廁可能對附近居民構成滋擾之時，更為重要的是如何持續公廁服務和確保公廁收益源源不絕，早於商業公廁設立初期，緩衝區構思已見雛型，公廁地產

商策略性地將公廁毗連自家物業而建，由此可見，他們清楚明白公廁的獨特性，在密集城市內產生滋擾的可能性。在實證研究中可見三種空間佈局：[3] 第一，公廁置放在公廁地產商物業之中，兩旁接連他人物業；第二，公廁處於街角，另一端接連公廁地產商的物業；第三，一端接上公廁地產商的物業，另一端接連他人物業。下列多座商業公廁都是按上述模式安排，包括英文譯名 Chung Lo-luey 位於堅彌地街的公廁、郭松（正街和磅巷）、Lee A-lok（香馨里）、How A-shun（孖沙街）、吳泩（律打巷）、Wong A-shing（東街）、[4] Yun Ng（普仁街）。這三種佈局一直沿用至 1870 年代中，當愈來愈多華籍地產商在土地市場上冒升，有趣的是竟然為商業公廁在城市景觀上帶來劇變。

踏入 1870 年代末，在軒尼詩主政期間華人購買了大量土地，並在上建各類物業如店舖和廉價房屋，為了增加可租用空間，大都不設家廁，無疑增加對公廁的需求。商業公廁的設立有助緩減對家廁需求的壓力，某程度上維持鄰近環境衛生，對樓價有正面作用（Logan and Molotch, 1987）。有一點值得一提，有些公廁地產商的辦公室甚或自己居住的房屋也設在其所持公廁附近，如鄧六位於荷里活道 104 號的大宅，便非常接近其名下一所公廁——弓絃巷 38 號；[5] 而蔡贊的家甚至毗連其德輔道中 116 號的公廁。[6] 再者，將物業改裝作商業公廁出租的租金回報甚為可觀。當公廁地產商們手持大量土地時，就能夠將商

業公廁安插其中。

有一點必須說清楚的是，並不是說公廁地產商大量投資地產市場旨在確保公廁利潤，而是在投資過程中所累積的土地資源，無意間發展出一個特有優勢，容許他們將公廁置於其雄厚土地資源內，在公廁周遭形成「勢力影響範圍」，充作緩衝區緩減公廁帶來的滋擾。這些範圍的設立主要透過兩個方法，[7] 其一，購入大量土地後在上址建廁，鄧六便是其中一個顯著例子。1870 年代末他開始在弓絃巷購入土地，及至若干年後約 1880 年代初，隨着附近一帶物業盡入其囊中，亦在那兒建了一所商業公廁。其二，直接收購現有公廁，有一點必須注意的是：為

圖 5.1　磅巷 1 號可以說是歷史公廁選址，早於 1860 年代起已有商業公廁設於此。

143

了捕捉更多途人，多數的商業公廁都設在人流暢旺的地點，這些地點本身已十分值得投資，自然吸引具備敏銳市場觸覺的公廁地產商到來。眼看土地價值高企，葉晴川和吳秉森分別購入位於三多里和磅巷的公廁。手持大量土地資源，他們很輕易就併購了那些原先由小地主持有的公廁，尤其是當後者在地產市場泡沫中失利。

在「勢力影響範圍」形成的第二階段，1870 年代末至 1890 年代末，這些範圍的增長速度十分快：1880、1888 和 1895 年分別有五、八和七個（圖 5.7，見頁 168）。有一點值得一提的是，數目和規模與公廁地產商的土地投資有密切關係。粗略估算，公廁地產商在 1877、1880、1888 和 1895 年的土地擁有數目頗為波動（圖 5.6，見頁 167）。就如大多數投資者一樣，他們高度介入土地炒賣活動中，1880 年四個「勢力影響範圍」全屬大地產商所有：蔡贊、郭松、鄧六、曹永容。不過，經過 1881 年的土地市場泡沫爆破後，他們所屬的範圍大縮水，尤其是郭松和曹永容兩個家族的土地資源，在 1880 和 1888 年分別由 134 跌至僅剩 28 塊和 80 塊跌至 43 塊。

此消彼長，當大地產商的土地資源下滑，自有人承接，吳秉森、鮑秉鈞和徐章龍陸續購入更多土地，漸漸形成自家的「勢力影響範圍」，雖然他們的範圍規模相對較小。兩位遲來的公廁地產商吳秉森和鮑秉鈞在 1880 年代間仍持有「勢力影響範

圍」，可是物業炒風熾烈，兩人相繼於該年代末離開公廁市場。在 1895 年，公廁地產商擁有的土地數量並沒有出現劇變，大大穩定了範圍的數目和規模。地產商廣泛介入公廁市場，百分之七十五的廁格為私人所有，且全部集中在華人社區，大幅度地改變城市景觀，如前所述弓絃巷、磅巷和皇后大道西的公廁均在同一地點提供服務經年。事情直至 20 世紀初始有變，由於在土地市場上失利和家族大家長離世，公廁地產商家族所持有的土地資源急速消減，「勢力影響範圍」無法維持，而隨着他們退出公廁市場，這些範圍亦完成了它們特有的歷史任務。[8]

　　「勢力影響範圍」的建構有助封鎖公廁滋擾，從而在政治上持續了商業公廁服務。可是封鎖滋擾不代表解決了滋擾，反之這其實減慢了公廁的衛生改善進度。姑勿論如何，公廁地產商不必投放大量資源在廁所衛生上已能獲得豐厚利潤，可以說這些範圍的設立讓他們廉價經營公廁，這為他們持續有關服務提供一定誘因。那麼只要公廁鄰近物業均為公廁地產商所有，商業公廁便能順利在人口密集地方提供服務而不用擔心遭受投訴。

圖 5.2 郭松兒子在土地市場上失利，申請破產通告。

IN THE SUPREME COURT OF
HONGKONG.

IN BANKRUPTCY.

NOTICE.—KWOK YUNG PO *alias* KWOK A
PO *alias* KWOK HEW KAI, residing on
the 2nd Floor of House No. 12, Queen's Road
West, Victoria, Hongkong, Trader, having been
adjudged Bankrupt, under a Petition for adjudi-
cation filed in the Supreme Court of Hongkong
in Bankruptcy, on *the 10th day of July*, 1883,
is hereby required to surrender himself to EDWARD
JAMES ACKROYD, Esquire, the Registrar of the
said Court, at the First Meeting of Creditors, to
be held by the said Registrar, on *Friday, the
17th day of August*, 1883, at 11 o'clock in the
forenoon, precisely, at his Chambers, Supreme
Court.

The said EDWARD JAMES ACKROYD, Esquire,
is the Official Assignee, and Messrs. DENNYS
& MOSSOP are the Solicitors in the Bankruptcy.

A Public Sitting will hereafter be appointed by
the said Court for the said Bankrupt to pass
his Final Examination, and to make application
for his Discharge, of which Sitting notice will
be given in the *Hongkong Government Gazette.*

At the First Meeting of Creditors, the Registrar
will receive the Proofs of the Debts of the Credi-
tors, and the Creditors, who shall have proved their
Debts respectively, or the majority in value of
the said Creditors, are hereby directed to choose
at such Meeting an Assignee or Assignees of the
Bankrupt's Estate and Effects to be called the
Creditors' Assignee or Assignees.

Dated this 31st day of July, 1883.

DENNYS & MOSSOP,
Solicitors in the Matter.

資料來源：

In Bankruptcy, *HKGG*, 4 August 1883.

相互緊扣的土地利益和權力

　　必須明白「勢力影響範圍」並不是單靠公廁地產商的土地資源便得以順利運作，還需公廁附近物業地主或地產商，以及持有其他範圍的公廁地產商的多多包涵。圖 5.6（見頁 167）顯示，1877、1880、1888 和 1895 年，由公廁地產商和其家族成員持有的土地總數為 385、338、478 和 434 塊。在這情況下，部分範圍互相重疊不足為奇，就如郭松和曹永容，以及吳秉森和鮑秉鈞的「勢力影響範圍」，有的甚至三連環──曹永容、葉晴川和徐章龍（圖 5.7，見頁 168）。究竟是甚麼促使大家願意容忍他人所設的公廁呢？一般認為由於地產市場價值高度依賴附近環境的衛生水平，故此願接受公廁設在自家物業附近。可是此論點並不符筆者的實證研究，在前一章我們看到地主及地產商們均極力反對政府公廁。很明顯此論漠視了在物業發展主導下的複雜性，並不能完全解釋土地擁有人之間的錯綜複雜關係，還有他們和其他中外社會精英的政治經濟動態，容忍這些商業公廁實有其社會經濟原因在內。

土地擁有權和精英身份

　　施其樂牧師（Smith, 1971）的分析指精英身份和土地擁有權息息相關，支持了筆者的設想──土地資源控制對「勢力影響範

圍」的操作起着關鍵作用，有助商業公廁的持續性。這些在地產市場中冒升的社會精英，不少出身寒微，在幸運之神眷顧下在物業炒賣活動中賺得第一桶金後，漸漸攀上社會領袖之列。1876年，首二十名最高納稅人士中有八名華人，其中五人為公廁地產商，華人總共貢獻了28,267元稅額。[9]交稅最多的公廁地產商依次為：郭松（第3名，繳納6,906元）、鄭星揚（第9名，5,730元）、蔡贊（第13名，2,988元）、曹永容（第15名，2,585元）、吳洼（第16名，2,572元）。五年後，人數上升至十七，六人為公廁地產商，共繳付了99,110元，為政府是年收入的百分之八十二。公廁地產商名單如下：吳洼（第2名，10,240元）、郭硯溪（郭松之子，第8名，5,748元）、鄧六（第12名，4,748元）、英文譯名Kwok Yin-shew（同為郭松之子，第13名，4,700元）、葉晴川（第16名，4,156元）、蔡贊（第18名，4,048元）。如第二章所說，高交稅能力主要建基於土地收益，並成功轉化為政治權力，是獲得社會精英身份的捷徑（Smith, 1971）。

　　與此同時，他們的遺產同樣驚人，且大都為土地。例如，曹永容1876年離世時遺下118,000元，其他包括郭松（1880年，445,000元）、彭華（1883年，5,000元）、鄧六（1887年，208,699元）、他的兒子鄧東山（1894年，300,750元）、葉晴川之子葉伯潔（1900年，965,000元）、蔡贊（1904年，1,021,384元）、鮑秉鈞（1905年，163,403元）。[10]當中尤以蔡贊最引

人注目，積極參與由巴斯裔大地產商兼立法局議員遮打（Paul Chater）於 1887 年牽頭的港島中西區海旁填海計劃，因而從中致富，[11] 他離世時的遺產為遮打 1920 年代離世時的五分之一。1890 年代末，蔡贊夥拍滙豐銀行買辦劉渭川購買土地，後者於世紀轉接之間多番榮任東華三院主席和保良局總理。[12] 當上述填海工程完成後，蔡贊將在干諾道中和德輔道中其中十四家店舖租予日後擔任其遺產執行人的唐麗泉。唐為新旗昌洋行買辦，除了積極參與社會事務出任東華三院和保良局總理，更獲港英政府委為太平紳士。[13]

　　某程度而言，公廁地產商的特點是大量投資在土地市場，而很明顯因為此而攀上精英之列。經濟成就讓他們成功在政治領域上獲得精英身份，帶來更多回報（Miliband, [1969] 1973），並增強對政府和華人社會的影響。再者，這些公廁地產商大多為具聲望的華人社會精英，他們之間和其他社會精英存在互相緊扣的關係。基於互惠互利，或因在社會經濟領域上頻繁交往，和其他精英保有良好關係甚為重要，這有助降低對公廁的投訴（Axelrod, 1984; Coleman, 1988）。在研究 19 世紀十四名立法局議員互相緊扣的關係中，陳偉羣（Chan, 1991: 115）發現：「其中九人為近親……。如將遠親也包括在內，他們很有可能是一個大家庭。」誠如 Ben-Porath（1980）所指，社會精英間的關係千絲萬縷往往存在「F- 關連」（家庭 /families、公司 /firms、朋友 /friends）。費

孝通 (1985) 進一步指出關係的遠近按血緣和親密關係釐定，以自己作為同心圓的中心推出，按遠近界定要為對方承擔多少「義務」。

關係網絡

此節從四個層次由近至遠探討公廁地產商和其他社會精英之間的聯繫：家庭成員或親屬、朋友、商業夥伴、社會和政治聯繫，由於版面有限只能呈現部分關係，但已足見他們之間互相緊扣，存在一個非常緊密的網絡（圖 5.8，見頁 172-173）。以許祖為例，透過女兒和古輝山的兒子聯姻，[14] 間接地聯繫上「糞便大王」陳培、另一公廁地產商葉晴川家族、東華三院創院主席梁安。而許和吳洼之間有一名共同友人葉竹溪。再者，透過和另一公廁地產商盧冠庭的生意交往，連繫上盧之子盧倬雲和知名立法局議員兼物業發展商周少岐。周的姻親正是另一公廁地產商鄧六，而鄧六的姻親則包括何載和曾貫萬，兩人皆為其時領風騷的華人社會精英。此糾結不清的網絡把他們捆綁在一個多層次的關係內，教他們有義務互相尊重對方的權益 (Axelrod, 1984; Coleman, 1988)。事實上，在前些篇章提及的 1856 年和 1878 年抗議公共衛生措施的行動中，均清楚看到華人社會精英緊密合作對抗政府。

接着，我們看看他們之間的多層次關係具體是如何形成

的。可以説，這些公廁地產商為來自各方各面的社會精英。鄭星揚是德安銀號創辦人，更是三家有幸於 1880 年入選為香港總商會華籍成員的華人公司之一；[15] 張亞秀是量地處內首位華人監督，更曾出任羊隻買賣零售商及承建政府多項工程，並於 1867 年獲政府委任為苦力監工；[16] 許祖原為垃圾承包商，後成功晉身為長發船務公司董事和廣惠鴉片公司合夥人；古輝山為 Yuen On 蒸氣船公司和中華總商會創辦人之一，並為大有鴉片合夥人；[17] 盧冠庭也是長發船務公司董事和鴉片零售商，並參與日本貨物買賣；[18] 而黃義隆於 1880 年代初是一名屠宰羊隻的承包商。[19] 其中五名公廁地產商或其家族成員同時身為買辦：蔡贊之子蔡季悟（英資新旗昌洋行，Shewan, Tomes & Co）；[20] 葉晴川（香港、廣東及澳門輪船公司，Hong Kong, Canton and Macau Steamboat）；[21] 郭松（英資鐵行輪船公司，Peninsular and Oriental Steam Navigation Company）；[22] 吳洭（英資得忌利士洋行，Douglas Lapraik & Co）同時身兼 Wong Li Cheng 公司合夥人，主要出口中國絲綢和茶葉到英國；[23] 鮑秉鈞（美資奧立芬洋行，Olyphant & Co）。[24]

　　的確有很多證據顯示上述人士有各式各樣的商業往來。1870 年代，吳洭分別和鮑秉鈞及梁安合作買賣土地（梁為仁記洋行，Gibbs, Livingston & Company 的買辦，並同為東華三院和保良局創辦人之一）（Chan, 1991）。1875 年吳洭是一家名為

Chinese Insurance 的保險公司主要股東之一，其他股東包括李德昌。[25]1870 年代末至 1880 年代初期間，鄭星揚亦分別和郭松之子郭硯輝、李德昌和曹永容等成立商業夥伴關係。[26]1880 年代，鮑秉鈞和吳秉森同為新安銀號合夥人，當中還包括葉竹溪（身兼泰和洋行、 Reiss & Company 買辦，以及保良局總理和東華三院主席），東華三院主席曹雨田（其叔父為曹善允），還有渣打銀行買辦容翼廷。[27] 除了夥拍買地外，他們之間亦不時轉售公廁，就以皇后大道西 256 號公廁為例，本由郭松於 1868 年設立，和曹永容合作經年後於 1873 年轉售予後者。[28] 類似的公廁合作計劃也見諸陳培和古輝山，合股經營孖沙街公廁。[29]

當財富不斷增長，公廁地產商們亦成功變身為華人領袖。1859 年郭松和鄧六分別向一家學校的圖書基金捐贈 20 元和 60 元。[30] 鄧六同時與蔡贊為 1885 年廣東水災的兩大捐款人，各捐 10 元。[31] 還有古輝山和其他華人精英如馮華川、何啟和盧冠廷於 19 世紀末成立華商聯會（Chinese Commercial Union），後易名為中華總商會，現仍為香港主要商會之一。而更加多的公廁地產商透過成為兩大慈善組織保良局和東華三院總理，搖身一變社會領袖（表 5.1，見頁 174-175）。[32] 通過這些組織的網絡，讓華人領袖有效向華人社會施行社會政治影響。

在 1840 年代中的市區重建中，太平山區被隔離為唐人區，在政治隔離氛圍下，華人領袖急速地在華人社區冒升（Evans,

圖 5.3　大坑為早年其中一個客家人聚居地，來自梅州五華的鄧六於 1863 年捐建蓮花宮及銅鐘，祈求風調雨順。

1970）。當這些華人社會精英代替殖民政府向草根階提供愈來愈多的社會服務時，傳統中國社會的階級制度再次在殖民地確立，有助精英們重構他們向華人社會施展文化霸權（Sinn, [2003]

2011; Tsai, 1993）。作為人脈關係建立的平台，這些慈善或商業組織同時容許公廁地產商之間又或和其他社會精英建立緊密關係。如前所述，其中一個例子是公廁地產商許祖的女兒下嫁另一公廁地產商古輝山之子，兩家結有戚誼。與此同時，公廁地產商又和其他精英建立良好關係，葉竹溪為多位公廁地產商的共同友人，包括許祖、吳秉森、鮑秉鈞和吳泩。葉更於 1883 年出任吳泩的遺產執行人，而葉則委托許祖於 1901 年當其遺產執行人，葉竹溪和吳秉森及鮑秉鈞同為新安銀號合夥人。[33]

　　隨着這些精英們的財富累積和社會身份提升，新的政治秩序相繼形成。為了確保殖民關係良好，尤其是和本地商界的關係，部分公廁地產商被委以榮譽性職銜，大大提升他們對其他精英和華人社會的影響力（Lethbridge, 1978; Tsai, 1993）。吳泩和鮑秉鈞於 1870 年代中獲委任為「婦女移民美國委員會」（Committee on Emigration of Women to US）委員，東華三院主席梁安亦為該會成員。[34] 古輝山於 1907 年出任「颱風賑災基金委員會」（General Committee of Typhoon Relief Fund）委員，其他具聲望的委員還有遮打、周少岐、何啟、麼地（H. N. Mody）、容翼廷、何甘棠（何東之弟，同為渣甸行買辦）、劉鑄伯（立法局議員兼保良局和東華三院總理），以及韋玉（有利銀行 Chartered Mercantile Bank of India，London and China 買辦）。[35] 古輝山早於 1902 年歸化英籍，而其姻親兼好友許祖更

早他三年。[36] 許祖於 1880 年代起當垃圾承包商和政府醫院物料供應商，並於 1890 年代中投身公廁市場，其後更分別於 1904和 1907 年兩度獲任為太平紳士。[37] 除了和殖民政府保有良好關係，他亦與滿清政府關係密切，20 世紀初為中國通商銀行主要股東之一，此行為首家以西方銀行為藍本而設的中資銀行。[38]

這些公廁地產商中以郭松最享盛名，和殖民政府具有特殊關係。[39] 他們的傳奇關係始於 1840 至 1850 年代間的中英戰爭，1841 年，郭為英國戰艦復仇女神號（H. M. S. Nemesis）領航，成功奪得廣東虎門炮台，又為該國海軍補給。種種戰功在英國順利立足於香港後，郭松獲得英廷犒賞，名譽和權力伴隨而至。誠如羅永生所説（Law, 2009: 15）：「和西方人合作不單為他們帶來經濟利益，更提升政治和社會地位。」這的確是低下階層如具有蜑家人身份的郭松攀上社會階梯之途，自從明朝實行海禁後，蜑家便被排擠為賤民，往往被看成和海盜一夥。

自 1840 年代中，郭松便乘勢而起，出任鐵行輪船公司買辦，1867 年更自立門戶和怡和買辦唐廷樞在上海成立聯合船運（Union Steam Navigation Co.），接着又於 1875 年聯同造船商 William Bolton Spratt 在港創辦大同船塢。而他本人甚至累計擁有多達十三艘蒸氣船，其中包括德國製的 Olympia，購入價高達 90,000 元。強勁船隊增強他和歐洲人控制的省港澳輪船公司（Hong Kong, Canton and Macao Steamboat Company）的比拼，

圖 5.4 左右逢源，許祖既和清廷保持良好關係，又歸化英籍。

A BILL

ENTITLED

An Ordinance for the Naturalization of Hǚ Choo (許祖), alias Hǚ Shun Ts'ǚn (許順村), alias Hǚ Ping Fong, (許炳芳) alias Hǚ Nai Kwai (許乃貴).

Whereas Hǚ Choo (許祖), alias Hǚ Shun Ts'ǚn (許順村), alias Hǚ Ping Fong (許炳芳), alias Hǚ Nai Kwai (許乃貴), a native of Ts'in Shán (前山鄉), in the District of Heung Shan (香山縣), in the prefecture of Kwong Chau (廣州府), in the province of Kwong Tung (廣東), in the Empire of China, is the managing partner of the Kwong Wai Opium Farm (廣惠鴉片公司), at No. 36, Bonham Strand West, Victoria, in this Colony, and is compradore to the Government Civil Hospital, and is possessed of landed property in this Colony, and has continuously resided and done business in this Colony for the last thirty years, and has declared his intention of residing here permanently, and has petitioned to be naturalized as a British subject, within the limits of this Colony, and whereas it is expedient that he should be so naturalized:

Be it enacted by the Governor of Hongkong, with the advice and consent of the Legislative Council thereof, as follows :—

1. Hǚ Choo (許祖), alias Hǚ Shun Ts'ǚn (許順村), alias Hǚ Ping Fong (許炳芳), alias Hǚ Nai Kwai (許乃貴), shall be, and he is, hereby, naturalized as a British subject, within this Colony, and shall enjoy therein, but not elsewhere, all the rights, advantages and privileges of a British subject, on his taking the Oath of Allegiance under the Promissory Oaths Ordinance, 1869.

Naturalization of Hǚ Choo.

Henry E. Pollock,
Acting Attorney General.

資料來源：
7 October 1899, *HKGG.*

其時其航運業務雄霸廣州及潮州，並遠至越南，絕對是首位香港船王。郭松所涉獵的商業活動甚為廣泛，包括麵包店和羊隻入口專利權，這為他贏得「牛欄松」之名（Holdsworth and Munn, 2012）。[40]1876年他已晉升為第三名最高納稅人，在1878年港督軒尼詩禮節性拜訪東華三院時，郭松是其中一名別上孔雀羽毛的華人社會精英。[41]郭松甚受軒尼詩器重，不時就社會事務向他徵詢意見，又獲邀陪同視察工廠。[42]

不過，這是一個有得有失的遊戲，郭松其中一名兒子於1878年被廣東省政府扣押，以示對其在中英戰爭中出賣清廷的代價。對英方來說，郭的戰績彪炳，英國駐華使館不惜居中斡旋，而軒尼詩更積極參與營救，其子最終獲釋。兩年後郭松逝世，軒尼詩也派代表出席喪禮以示最後敬意，其他顯赫的官員還有軍方代表、輔政司和安撫華民政務司。殯葬隊伍被描繪為「超凡的大型隊伍，那些精細和價值不菲用作裝飾的物品，顯示不惜工本之氣派。」[43]龐大的殯葬隊伍由他位於皇后大道西的家出發往堅尼地城，需時一個小時始通過一點，這場世紀喪禮為郭松的傳奇一生畫上完美句號。

公廁地產商和其他社會精英的家庭聯繫同樣相當緊密，透過通婚將關係緊扣上，上述提及的許祖和古輝山的兒女結姻緣是為一例，而當中最令人津津樂道的莫過於鄧六家族（鄧廣殷，1996）。大家族之間的通婚往往被作為策略性工具，以增強自

家家族地位和財富，在研究 16 世紀奧地利哈布斯堡（Habsburg）王朝婚姻安排中，Fichtner（1976: 249）發現統治階層之間的婚姻安排具高度重複性，某些家族之間的通婚重重複複出現，似有計算在其中。他指這顯示「婚姻政策並非是在一個可供選擇的羣組內簡單地按喜好而作出，而是由其他考慮打造而成。」「王朝策略」（Dynastic strategy）是 Fichter 用以釐定此類婚姻安排，成功關鍵是要找到合適對象。

心懷此日標，鄧六看準了同為打石出身，致富後貴為社會精英的曾貫萬，兩人背景相似，1850 年代鄧由廣東五華到港謀生，初時擔任割石工人，其後成為石礦承包商，有說他在薄扶林和大潭水塘工程中賺得第一桶金，此後大量投資地產致成巨富。[44] 至於曾貫萬，最為人熟悉的是他在沙田興建現仍屹立不倒的客家大宅曾大屋，他同是香港早年一名享負盛名的石礦承包商和建築商，經營有道並於致富後出任保良局總理。[45] 鄧六和曾貫萬兩位新近冒升的社會精英惺惺相惜，促成鄧的第三子鄧榮泰娶曾的長女曾灶嬌。類似的通婚安排在往後兩代也見，鄧六的孫子（鄧榮泰之子）鄧榕茂和來自名門周永泰家族的周麗華共諧連理，周麗華父親周少岐除了是大地產發展商外，在政治上頗活躍，擔任太平紳士兼立法局議員，而他的兒子周俊年和姪兒周錫年相繼於 20 世紀初出任太平紳士以及行政局和立法局議員，至於其孫周湛樵亦於稍後時間出任香港輔警總監。

至於鄧六的曾孫（鄧榕茂之子）鄧文釗和何捷書則於 1927 年結姻緣，何的祖父何載是一名大地主，在上環摩羅街擁有連街物業，同時經營茶業貿易，開辦著名茶業貿易店長安。[46] 何載另一孫女何楚騷為工業家鄧鏡波之媳婦，[47] 不過當中要數第九名女兒即中國女革命家何香凝最為顯赫。她是中國國父孫中山成立的同盟會骨幹成員，與丈夫廖仲愷和香港大亨李陞之子李紀堂同為孫中山的追隨者。中國政權易手後，何香凝於 1950 年代起先後出任中央人民政府委員、中央人民政府華僑事務委員會主任、中華人民共和國華僑事務委員會主任、全國婦聯名譽主席、第二和第三屆全國政協副主席、第二和第三屆全國人大常委會副委員長等，而其子廖承志和孫廖暉則分別於 1978 至 1983 年和 1997 至 2010 年出任港澳辦主任。

透過這個擴大化了的家族網絡，鄧氏一家和很多巨頭都有所接觸甚至交上朋友，當中包括何賢（澳門特別行政區首長何厚鏵〔2004-2009〕之父）和利銘澤（1960 年代曾任立法局議員，銅鑼灣地王利希慎之子）等等。更為重要的是，這讓鄧氏家族開啟進入中國政治舞台的契機，在何廖兩家影響下，銀行家鄧文釗響應中國共產黨的抗日救亡運動，1940 年代傾其家產在港支援《華商報》的創辦，並出任該報主席，此報後和廣東《南方日報》合併。[48] 為了答謝鄧文釗在危難關頭對黨事業的重大貢獻，並借助其在港的經濟人脈，中國政權易手後鄧獲委多個

要職，包括廣東省副省長和省商業廳副廳長等等。其子鄧廣殷在 1983 至 2003 年期間出任全國政治協商會議成員，2015 年逝世前曾出任多屆中國宋慶齡基金會香港理事，而最為人嘖嘖稱奇的是中國國家名譽主席即孫中山之妻宋慶齡，1980 年代初離世後將六千多冊藏書悉數贈與鄧廣殷，可見宋與鄧家關係緊密。[49] 名門望族之間的通婚確有助權力的擴張（Fichtner, 1976），其他公廁地產商雖然在殖民早年曾因投資地產市場致富而咤叱一時，可是均敵不過洪流而被淹沒在時代中，唯獨鄧六家族能歷經大大小小風浪，在現代社會裏仍享有盛名。[50]

　　基於相互連結的個人、經濟、政治、社會網絡，公廁投訴鮮有投訴毗鄰、或是親屬、或是各方各面友好所屬的「勢力影響範圍」。正如陳偉羣（Chan, 1991: 115）所說：「結果可能他們是一個大家庭」，某程度而言公廁地產商和其他社會精英確實儼如一個利益共同體。在《香港差餉紀錄冊》內，的確發現維多亞城內不少土地由公廁地產商的親朋好友持有，如何載、何東、葉竹溪、遮打、曾貫萬、曹雨田、韋玉、由李陞和李德昌主理的和亨鴉片公司等等，[51] 作為「朋友」自然而然在他們之間形成一定程度的義務，對友人的公廁睜一隻眼開一隻眼閉（楊開惠，2009）。必須注意的是他們可不是純粹的具強勁經濟後盾的精英，更是一羣在地產市場崛起的新貴，無論在政治上或社會上均通曉對方大名，這令他們在作出重大決定前得須認真

考量（Ben-Porath, 1980; Coleman, 1988），這大為有助商業公廁的持續，並為政府化解不少潛藏的政治矛盾。在殖民早年特有的政治氛圍下，擁有雄厚土地資源足以影響公共衛生政策，而「勢力影響範圍」得以成功操作，正是依仗公廁地產商和他們的地主及地產商朋友之間的集體力量（Glasberg, 1989），這不光是土地擁有權，還有從中衍生而來的社會精英身份，得以讓他們攀結上其他社會精英，或是貿易夥伴，或是來自同一慈善機構的總理。在日常生活中頻頻聚頭，出於互惠互利，促使他們有更大誘因相互合作（Axelrod, 1984）。

「勢力影響範圍」對政商關係的政治意義

顯而易見，「勢力影響範圍」是項經濟策略，憑藉雄厚土地資源，公廁地產商絕對有能力確保商業公廁服務的持續性；不過，這同樣為政商關係帶來政治效果。物業價值很視乎周遭環境的衛生水平，這令政府處於兩難，既要維持物業價值又要確保公共衛生。闊別九年重臨香江，當查維克（Chadwick）1890年看到港英政府在政府公廁建設上力有不逮時，也不得不改為支持商業公廁的設立，他清楚明白這些公廁衛生惡劣，但同時了解到公廁服務的持續性和土地資源的多寡互相緊扣。[53] 換句

話說，華人的土地擁有權迫使殖民政府認清其政權存在某些局限，需要本地社會精英協助管治。政府極度依賴公廁地產商提供及持續公廁服務，而非在有關服務上扮演主動角色。在有限土地資源下，這確是特有時空下維持公共衛生的最佳政治方法。

就這點，人們易於將此歸納為政府被公廁地主綁架，為了維持衛生向後者處處退讓。對此，筆者恐未能苟同，誠如 Carporaso 和 Levine（1992: 23）對經濟格局下的政治，有下列的理解：「政治是經濟交流的領域」。商業公廁的持續實踐了政府未能履行的公共責任，讓商界介入城市管治，最終在政治上有效扭轉政商關係。可以說，「勢力影響範圍」扮演了一個重要角色，讓商業公廁在以物業發展為基調的資本主義社會裏，得以低成本經營，在這裏低成本是指政治和經濟而言。首先，這些範圍確保公廁服務，成為政府公廁的另類選擇，省卻不少官地和公帑；第二，免除政府和其他大地主或地產商在公廁選址上的爭辯，化解不少政治衝突。

土地資源的政治任務

為了增加糞便收集的能力，從建築規格和廁所廁格數目而言，商業公廁具有相當規模。不難想像，這些公廁的衛生水平臭名遠播，如果沒有「勢力影響範圍」的設立，根本不可能持續公廁服務且免遭其他地產商或地主的投訴，從樂古道 3 號及歌

賦街 2 號商業公廁屢遭投訴可佐證此説。前者於 1893 年遭入稟法庭，要求禁制營業。勉強捱了多年，最終於該世紀末結束營業。[53]

後者由陳培持有，自經營初年 1890 年代初起，對此所公廁的投訴從無間斷。[54]1896 年鄰近公廁的鴨巴甸街 12 號吳姓地主，向法庭申請禁制令要求該廁停止營業，並索償 100 元作為公廁臭味對其造成的精神困擾。最終，法庭僅判罰 20 元，至於禁制令則不了了之，原因是有鑑公廁數量不足，而陳培亦有意繼續經營。可是在接着下來的二十年，投訴不斷，這令政府頭痛不已，多次欲勒令其關閉，可是在政府公廁不足下，恐公共衛生每況愈下，計劃往往告吹。陳培的個案顯示商業公廁確對周遭環境造成極大滋擾，令政府處於兩難，一邊廂要保障「公廁經濟」，另一邊廂須維持公共衛生和物業價值。政府深明難於克服這兩難，故此擁有雄厚土地資源的公廁地產商，透過設立「勢力影響範圍」封鎖公廁滋擾，正好成為政府的救星。這股神奇力量讓政府免於和其他地主及地產商就公廁選址展開場場辯論，公廁地產商自然獲政府垂青，兩者一拍即合，在公廁事宜上合作，政府頒佈有利經營公廁的措施肯定是友好的表現（詳看下一章）。

除了因為公廁投訴會衍生政治衝突外，政府公廁的經營成本也較諸私人要高得多。前者廁格較少，且在建築物外圍四周

圖 5.5 陳培位於歌賦街 2 號（貼上租售招牌）的公廁與鴨巴甸街 12 號（箭咀所示）遙遙相對，怪不得遭該業主投訴其臭氣迫人。

要預留較多公共空間，以作通風和採光之用，這意味着建築成本的增加和珍貴土地資源的浪費。就以上一章談及的竹興里公廁為例，受到地主投訴，廁格數目由四十個大幅下降至十六個，建築物亦由兩層改為一層。[55] 另一例子是灣仔峽道公廁，為了取得投訴人同意在該處建廁，政府小心翼翼採取各種措施防止臭味產生和曝露不雅的如廁景觀，譬如雙層密封大門，並確保當一道門開啟時，另一道必須先行關上，以免臭氣外溢；安裝電風扇，每月操作費用達 30 元；在屋頂最高點豎立鐵製管道，引導臭氣上升向外排放，而為了減少臭氣濃度，特設熔爐在排

放前先把氣體燃燒。[56] 上述種種成本肯定是政府所不願承擔的，而縱使它不介意這些支出，如在歌賦街 46 號政府公廁加了氣體噴射系統，仍難逃「殺廁」命運，該廁臭氣外溢被指是毗鄰庇理羅士中學老師發病的罪魁禍首。[57]

在這些情況下，為了減少公廁投訴和維持政府公廁的龐大支出，對政府而言，最實際方法莫過於將公廁服務交由公廁地產商興建的商業公廁，由他們的「勢力影響範圍」持續服務，來得更湊效。由政治經濟學視角看，公廁地產商操控着土地資源，意味在城市管治上政府需要向這些坐擁資源的社會精英尋求協助。當然，公廁地產商在施行土地權力促進性一面時，並不以公眾利益為依歸，這實際上是一項經濟策略，用以和政府競逐城市用地的使用權。姑勿論如何，這最終讓這些地產商得以和政府保有討價還價的關係，甚至促成在公廁事宜上進行合作。「勢力影響範圍」為政府帶來三項正面效果，第一，免卻了政府和其他反對政府公廁的地主在公廁選址上的爭辯；第二，容許政府維持小政府，只要坐擁資源的社會精英有足夠資源自行管理本地社會事務，免予公廁投訴又同時維持公廁服務，政府樂於交由商界提供公共服務；第三，這為政府化解因為惡劣衛生環境可能引發的政治動盪。某程度上，商業公廁解決了草根階層華人大小二便的需要，並維持基本公共衛生。

總結

　　作為一門生意，商業公廁衛生水平只是次要，但它們卻持續了好一段長時間，在實證研究中看到只要公廁地產商操控着龐大土地資源，「勢力影響範圍」便得以形成，使有關服務免於投訴。不言而喻，這些公廁依仗土地權力而生，而非高質素。怎樣也好，這項能令公廁地產商持續公廁服務的特有優勢，其獲政府垂青，夥拍提供公廁服務。諾貝爾經濟學獎得主 Douglass C. North 對市場決定和政治架構的關係分析，為政府和公廁地產商之間的複雜社會經濟關係帶來啟發。他 (1981: 7) 指：「在一個不按市場決定制訂政策的國度，效能差勁的政治架構確能持久運作很長時間」，否定了成本和利益平衡的理性邏輯，有助理解商業公廁的持續性不一定建基於效能，而是由土地利益和權力作支撐的政治方法。「勢力影響範圍」出現在「一個不按市場決定制訂政策的國度」——在種族和階級交織的新政治經濟格局裏，此類公廁之所以成功絕對是殖民早年特有政治經濟環境下的產物。最重要是這促使政府對公廁地產商形成功能上的依賴，這除了帶來政商在公共角色上的轉變，接踵而至的還有關係的重整，最終促成在公廁事宜上的合作，賦予商界在城市管治上有更大的參與。

圖 5.6 公廁地產商在維多利亞城擁有的土地數目（勢力影響範圍數目），1877-1895

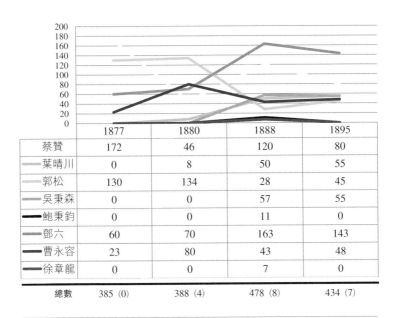

	1877	1880	1888	1895
蔡贊	172	46	120	80
葉晴川	0	8	50	55
郭松	130	134	28	45
吳秉森	0	0	57	55
鮑秉鈞	0	0	11	0
鄧六	60	70	163	143
曹永容	23	80	43	48
徐章龍	0	0	7	0
總數	385 (0)	388 (4)	478 (8)	434 (7)

資料來源：
HKRS 38-2-23, *HKRB*, 1877; HKRS 38-2-33, *HKRB*, 1880; HKRS 38-2-57, *HKRB*,
1888; HKRS 38-2-81, *HKRB*, 1895.

圖 5.7　維多利亞城西部的「勢力影響範圍」分佈，1870 至 1890 年代

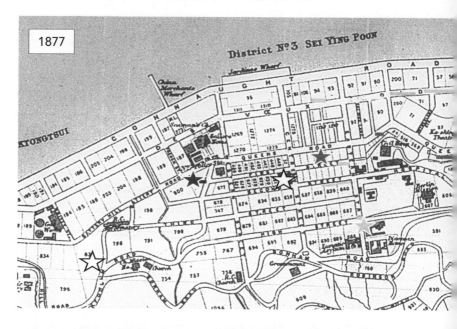

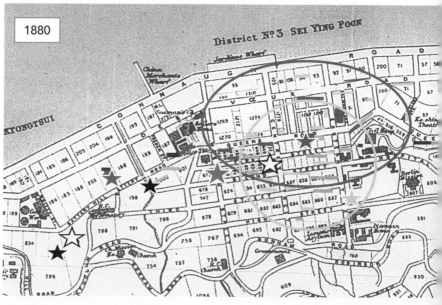

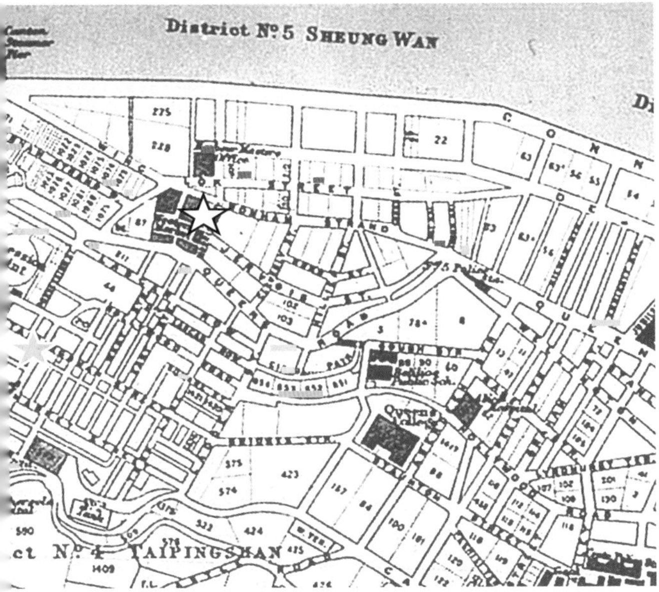
District Nº 5 SHEUNG WAN
TAIPINGSHAN

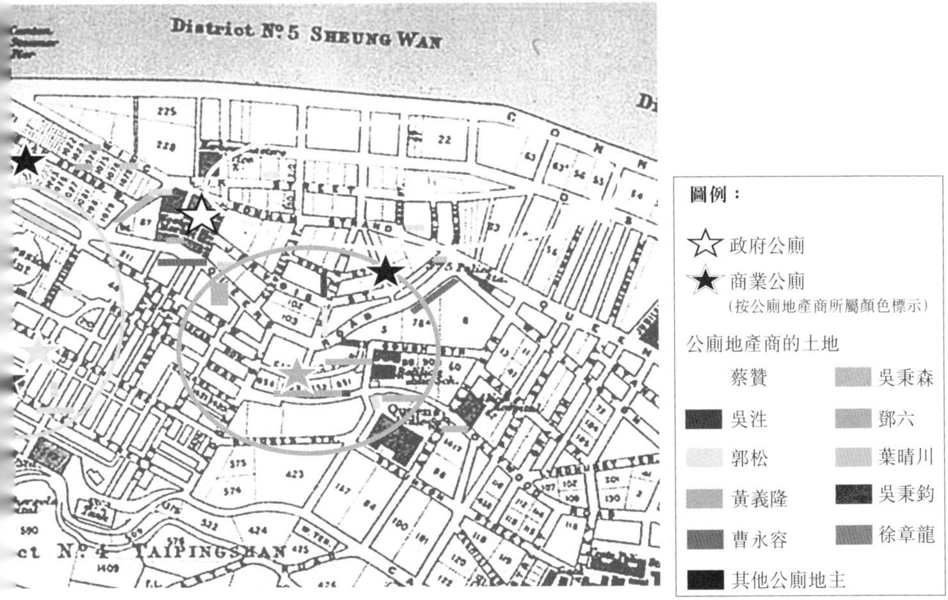
District Nº 5 SHEUNG WAN
TAIPINGSHAN
圖例：
政府公廁
商業公廁
(按公廁地產商所屬顏色標示)
公廁地產商的土地
蔡贊
吳秉森
吳泩
鄧六
郭松
葉晴川
黃義隆
吳秉鈞
曹永容
徐章龍
其他公廁地主

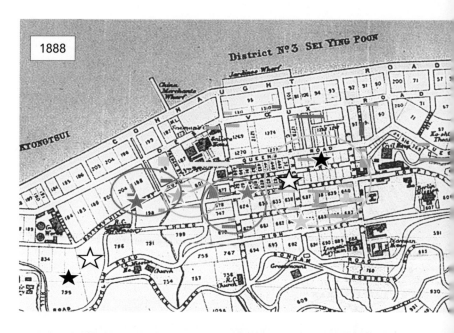

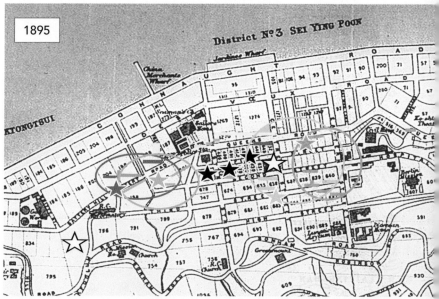

資料來源：
HKRS 38-2-23, *HKRB*, 1877; 38-2-33, *HKRB*, 1880; 38-2-57, 1888; 38-2-81, *HKRB*, 1895.

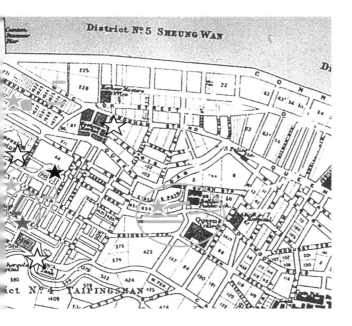

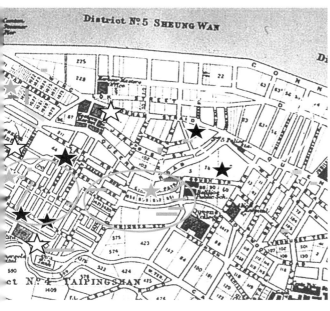

圖 5.8 公廁地產商和其他社會精英的關係網絡

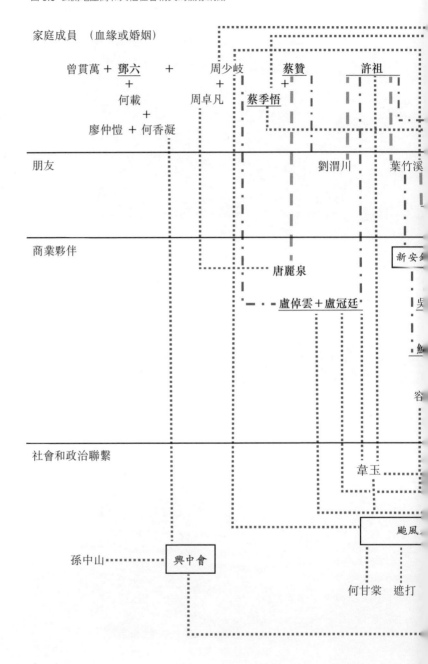

家庭成員 （血緣或婚姻）

曾貫萬 + 鄧六 ＋ 周少岐 蔡贊 許祖
＋ ＋
何載 周卓凡 蔡季悟
＋
廖仲愷 + 何香凝

朋友 劉渭川 葉竹溪

商業夥伴 新安

唐麗泉

盧倬雲+盧冠廷 吳

魚

容

社會和政治聯繫

韋玉

颱風

孫中山 興中會

何甘棠 遮打

172

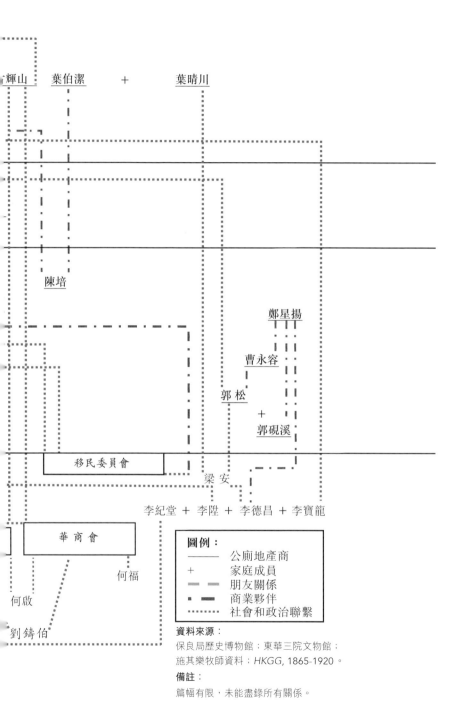

輝山　　葉伯潔　　＋　　　葉晴川

陳培

鄭星揚

曹永容

郭　松

＋

郭硯溪

移民委員會

梁　安

李紀堂 ＋ 李陞 ＋ 李德昌 ＋ 李寶龍

華　商　會

何福

何啟

劉鑄伯

圖例：
───　公廁地產商
＋　　　家庭成員
━ ━ ━　朋友關係
■ ━ ■　商業夥伴
⋯⋯⋯　社會和政治聯繫

資料來源：
保良局歷史博物館；東華三院文物館；
施其樂牧師資料；*HKGG*, 1865-1920。

備註：
篇幅有限，未能盡錄所有關係。

173

表 5.1 公廁地產商一覽

姓名	其他業務
陳培	• 牢羊專利權 • 糞便承包商 • 垃圾承包商
張亞秀	• 販賣羊隻商人 • 地政部門量地官 • 苦力監督人
鄭星揚	德安銀號合夥人
蔡季梧	旗昌洋行買辦
許祖	• 長發輪船公司董事 • 國家醫院和性病醫院物料供應商 • 中國工商銀行主要股東 • 廣惠鴉片合夥人 • 大有鴉片主要股東 • 羊隻屠宰專利權 • 垃圾承包商
葉晴川	港澳輪船公司買辦
古輝山	• 金山莊寶隆行執行董事（轉運中國貨品至美國） • Shun On 蒸氣船公司股東 • 大有鴉片股東
郭松	• 麵包商、蕃茄醬及醬油生產商 • 販賣羊隻商人 • 大同船塢創辦人 • 聯合船運 • 省港澳輪船股東 • 鐵行輪船買辦 • 西點鑄造廠創辦人 • 裕隆當舖 • 發興行
盧冠庭	• 長發輪船公司董事 • 鴉片商 • 廣永生行創辦人 • 同安火險董事
吳泩	• 得忌利士洋行買辦 • Wong Li Cheng 合夥人
吳秉森	新安銀號合夥人
彭華	• 同豐棧米行 • 益秀堂藥行
鮑秉鈞	• 同孚洋行買辦 • 中國保險香港分行買辦 • 新安銀號合夥人
鄧六	元昌石行
黃義隆	牢羊專利權

資料來源：
保良局檔案；東華三院檔案；施其樂牧師資料集；馬冠堯先生。

備註：
主（主席），沒有表明為總理；保良（保良局）；東華（東華三院）。

174

慈善組織或商會	政治委任
香港總商會會員	
• 保良：1905 • 東華：1906	
保良：1894、1897	太平紳士：1904、1907
保良：1881	
• 中華總商會創辦人 • 保良：1894、1901 主、1905 • 東華：1895 主	颶風賑災基金委員會委員 1907
• 街坊委員會委員 • 保良：創辦人之一 • 東華：創建總理、1873 及 1879 總理	陪審員：1868
• 中華總商會創辦人 • 保良：1897 主、1899 • 東華：1899	
	婦女移民美國委員會委員 1870 年代中
東華：1874、1883	婦女移民美國委員會委員 1870 年代中

註

1　參看 No. 8, *BBP*, Vol. 26, pp. 26。

2　20 世紀初地產市場十分波動，不少實力有欠的公廁地產商手上的土地資源迅速下滑，令有關範圍無法維持，時屆 1905 年已不復見，HKRS 38-2-108, *HKRB*, 1905。

3　HKRS 38-2, *HKRB*, 1865-1877.

4　資料不足，未能確定他是否立法局議員黃勝，黃同時為接任他出任立法局議員的韋玉之岳丈。

5　鄧廣殷，1996；HKRS 38-2, *HKRB*, 1882-1925。

6　*CM*, 8 February 1899; HKRS 38-2, *HKRB*, 1882-1905.

7　HKRS 38-2, *HKRB*, 1880-1895.

8　郭松的兒子們在 1881 年物業泡沫中受重挫，陷入財政困難，相繼於翌年面對一連串法庭訴訟。利用法律漏洞，其中一名兒子（英文譯名為 Kwok Hew-kai）便於 1882 年宣佈破產，利用破產法例解除對債權人承擔責任，換言之所有欠款一筆勾銷。Bankruptcy, *HKGG*, 15 April and 14 October 1882, 7 July and 4 August 1883, 25 October 1884. 如前所述，吳洸於是次泡沫爆破後身體抵受不了而病逝，看施其樂牧師資料集。

9　Rate-payers, *HKGG*, 11 February 1882.

10　Probate, *HKBB*, 1876-1905. 有關曹永容，*HKDP*, 30 September 1885；蔡贊，看施其樂牧師資料集和 *HKDP*, 27 June 1905。就郭松遺產的詳情，Smith,1971。

11　隨着蘇彝士運河開通，水深廣闊的維多利亞城中西區享盡地利優勢，由於便利大輪船泊岸上落貨物，造就該兩區商業繁榮，租金回報同告上升。Endacott, [1958] 1973.

12　施其樂牧師資料集。

13　Choy Chan, HKRS 144-4-1772, 1905; Probate, *HKBB*, 1905. 參看施其樂牧師資料集。

14　Hu Choo, HKRS 144-4-2086, 1908.

15　這可視之為華人在殖民地冒升的標示。另兩家公司為 Sun Yee Hong 和 Lai Hing Hon，分別由 Chan Tai-kam 和李德昌持有。其他西方會員包括鴉片零售商庇理羅士（E. R. Bellios），著名地產發展商麼地和滙豐銀行大班 W. Keswick。看 *HKDP*, 24 February 1880; Pennel, 1961。有關鄭，同註 12。

16　同註 12；Smith,1971.

17　同註 12；Ku Fai-shan, HKRS 144-4-2573, 1912.

18　同註 12。

19　Slaughter Monopoly 1882, *HKGG*, 31 December 1881.

20　同註 12。

21　同註 12。

22　*HKDP*, 12 May 1880.

23　同註 12。

24　同註 12。

25　M.L.No.140, HKRS 265-11D-2466-1, 1877. 參看註 12。

26　同註 12。

27　同註 12。

28　Quok A Cheong to Tsoo Wing Yung, HKRS 205-11A-887-5, 1873.

29　Chan Pui, HKRS 144-4-3130, 1918; HKRS 38-2, *HKRB*, 1910-1920.

30　St. Joseph's Grant-in-aid School, *HKGG*, 11 February 1880; 參看註 12。

31　Smith, 1971; *TWYP*, 2 October 1885.

32　郭松為促成保良局成立的關鍵人物，可惜緣慳一面，在該局成立前郭突染病於 1880 年中身故，看 Domestic Servitude in Hong Kong, *HKGG*, 4 February 1880。

33　Ip Chuk-kai, HKRS 144-4-2183, 1901; Ng Shang, HKRS 144-4-501, 1883. 參看註 12。

34　同註 12。

35　Report of the Typhoon Relief Fund Committee, *HKGG*, 17 May 1907.

36　Naturalization, *HKGG, 7 Oct 1899 and 6 June 1902.* 其他歸化個案包括蔡贊之子蔡仲、Choy Kwai-ng、蔡仁和蔡意，*HKDP*, 11 and 25 July 1902。

37　Justices of the Peace, *HKGG*, 4 March 1904 and 22 February 1907.

38　《華字日報》，1905 年 5 月 29。 這家銀行由晚清自強運動倡議者之一的盛宣懷，於 1897 年創辦。看中國社會科學院近代史研究所中華民國史研究室，1982。

39　他的輪船業務，*CM*, 9 September 1878, 22 and 23 April 1880; *HKDP*, 14 October 1878, 13 May 1880。參看註 12；劉智鵬，2013；施其樂牧師資料集；Coates, 1980; Smith, 1971。

40　參看 The Surveyor General to Kwok Acheong, HKRS 419-2-203, 1859。

41　Tung Wah Hospital, *HKGG*, 16 February 1878.

42　Chinese Deputation to the Governor, *HKGG*, 24 February, 1880; Enclosure 2 in No. 42, *BPP*, Vol. 25, pp. 724.

43　*HKDP*, 12 May 1880.

44　可是並未能找到相關資料證實，但有一點可以肯定的是他是一名主要石礦承包商和大地產商。

45　1888 年離世時，曾貫萬留有遺產 20,000 元，Probate, 2 February 1888, *HKBB*; Tsang Sam, HKRS 144-4-689。參看羅香林，1971；保良局歷史博物館。

46　何載於 1899 年歸化英籍，*HKGG*, 28 Oct 1899。參看 Smith, 1971。

47　同註 12。

48　鄧廣殷，1996；*TKP*, 5 February 1951, 14 January 1952, 6 August 1956, 13 January

1971, 12 July 1980, 14 November 1986。

49 鄧其後將所有書籍贈與中國政府，看《大公報》，1986 年 11 月 10 日。基金會歷任
主席包括前國務院港澳事務辦主任魯平（1990–1997），基金會網頁 http://www.ssclf.
net/。

50 根據羅香林（1971）所説，鄧氏和何東家族結姻親，可惜未能找得相關資料佐證。欲
多了解鄧氏家族，看《循環日報》，1882 年 8 月 7 日；HKWP, 25 November 1895;
Tang Luk, HKRS 144-4-680, 1887; Tang Shui-pan, HKRS 144-4-3106, 1918; Tang Tung-
shang, HKRS 144-4-982, 1894；Smith,1971。

51 HKRS 38-2, HKRB, 1880-1895.

52 CM, 7 March 1890.

53 CM, 7 April 1883。

54 《南華早報》，1904 年 1 月 1 日；Gough Street Latrine, 1904, HKRS 202-1-10-6 and
1907, HKRS 202-1-20-48; HKWP, 2 January 1902。法庭個案，HKWP, 2 January 1896。

55 HKH, 18 June 1908.

56 Latrine at Wanchai Gap Road, HKRS 203-1-25, 1903.

57 Gough Street Latrine, HKRS 202-1-10-6, 1904.

第六章

由政商利益同盟
看殖民城市管治

近年合作性的殖民關係成為討論熱點，提出「帶回被殖民者」（Bring the colonized back in）之論，「抱持超越殖民政府和本地社會偽二元對立關係的目光，認識華人士紳精英在香港殖民早年的代理人權力」（Law, 2009: 29），重新解讀殖民關係。很明顯，在殖民地的城市管治當中，被殖民者並不是任由殖民政府擺佈的木偶，而是佔有相當重要的位置，他們的介入往往扭轉社會政策的發展。介入方式不一而足，Arnold 和 Yeoh 所強調的是抗爭式的，而本書則聚焦在殖民政府和本地商界的共謀上，探討兩界如何共謀城市管治，令管治形態出現變化。

的確，作為一項政治策略，和本地社會精英合作對管治的暢順有莫大裨益。在 Rogaski（2004）的研究中看到，如果沒有精英們的協助，天津殖民政府難以有效執行公共衛生政策，確保城市公共衛生。這可不是誇張，誠如香港歷史學者 Carroll（[2007] 2011: 35）所說：「沒有華人協助，或許根本就沒有此殖民地。」協作的形成和殖民管治性質有密切關連，Robinson（1972: 142）表示：「殖民統治者所能使用的武力，相對殖民地出現不滿和暴動的可能性，可說是微不足道。由於增援會被嘲為行政無能，故此往往在極不情願下才派出。除非在緊急關頭，統治者不輕言以武力威嚇，因為代價高昂且會產生反效果；再者，眾所周知沒有任何武力能長久壓抑本土政治。」他認為協作反映殖民政府的某些管治局限。

不過 Migdal（1988）則反駁指，協作實際上由殖民政府主導，對決定或拒絕和誰合作具最終話事權，再者目標是控制本地社會和令日常管治得以順暢運作，故此政府每每小心翼翼按精英的資本、網絡、資源和在本地社會的影響力作出挑選。這點與劉兆佳（Lau, 1982: 19）提出的殖民管治邏輯不謀而合，他提出要在殖民主義下維持小政府式的城市管治形態，其中一個條件是本地「社會的資源充足，足以處理其顯著的難題。」其中，具有雄厚資源的商界精英，往往易於晉身夥伴之列，政府將公共服務交托之，按此而言政商共謀為城市管治上有效而實用的工具。

共謀的條件是兩界旗鼓相當，在不同領域各領風騷擁有不同資源，正正因為優勢互補而成就協作，各取所需（Illchman and Uphoff, 1998; Weiss, 1998），這在政商兩界在香港公廁的協作上可見一斑。正如 Rear（1971: 78）提出：「殖民政府的力量有賴英國官員和華人商界社羣建立戰略性聯盟。此類聯盟出於共同對公共秩序和經濟穩定有很強的自家利益。」或者將政商共謀理解為互相依存較為恰當，不一定固守在對抗關係，而是既合作又相互競爭（Block and Evans, 1994; Evans, 1979; Ngo, 1999）。本章總論從港英政府和公廁地產商合謀將公廁商品化中，歸納了甚麼模樣的城市管治形態。

由資源帶動的城市管治

其實，依賴華人精英提供社會服務有跡可尋，為 20 世紀初前殖民早年頗為隔離的政治氛圍下的城市管治常態。由華籍商人牽頭組成的慈善組織東華三院和保良局，一直肩負為華人提供教育、公共衛生以至法律服務，奠定其在華人社會的政治和社會地位。正如冼玉儀（Sinn, [2003] 2011: 4）所說，這些服務「全是當年社會極需要的，因為政府大都未能或不情願履行」，這正是慈善工作得以和權力扣連的原因，在政治隔離氛圍下華商藉着行善壯大權力和地位。這同時為手握資源的商界精英介入公共服務創造契機，模糊了政府和商界以及殖民者和被殖民者的兩重界線。

當華商的資本、資源和社會影響力日益增強，來自各個界別的精英（如建築承建商、公務員和買辦）漸次獲邀加入政府諮詢組織，有的更被委以太平紳士，協助政府提供社會服務和維持社會秩序（Smith, 1971）。1893 年，八十四名太平紳士中有十二位為華人（Tsai, 1993: 85）。最令早年華人引以為傲的相信莫過於 1880 年委任首位華人立法局議員伍庭芳，他是在港執業的首位華人律師。面對歐洲人的反對，港督軒尼詩為他此番大膽創舉護航說：「要知華人坐擁龐大資產，大部分商業活動都是由他們進行，再者他們長居此地，貢獻九成政府收入。」[1] 這再

次反映繳稅能力將經濟力量轉化為政治權力，賦予華商奪取部分公共權力的機會。

這些政治委任可說是殖民政府確認華人地位的標示，有說政治和經濟穩定有賴華人精英的投資和支持（Lau, 1982; Tsai, 1993）。某程度而言是正確的，但將這視為政府處於被動位置，並假定在經濟壓力下被迫廣納華人進入政治架構，恐怕模糊了政府和精英們關係的動態性。雖謂經濟力量茁壯成長，讓華人精英將之轉化為政治資本介入城市管治，但這並不意味能輕言操控政府，着其為自己服務。

華人經濟實力增加確實有助促進政府和他們合作，那麼政府願意合作的政治議程又是甚麼呢？當然有其自家利益。Carroll（[2007] 2011: 39）認為英國的如意算盤是「廉價管治華人」。殖民協作被視為「政府工具」，以低成本實現帝國目標。其中一個廉價方法是政治吸納，金耀基（King, 1975: 424）將之名為「行政吸納政治」過程，是合法化殖民管治強而有力的低成本操作。通過吸納，他表示：「政府將由社會精英羣體代表的政治力量吸納至行政決策組織，實踐某程度的精英融合；結果，管治權力得以合法化，形成一個鬆散的綜合政治羣體。」吸納一詞暗喻政府仍具高度操控權，揭示其中的複雜性。

香港公廁的實證研究亦顯示共謀甚為動態，交雜着階級和種族的政治張力，另一方面兩界又唇齒相依。透過公廁建設，

結合三項因素：物業發展為主導方向的資本主義、華籍地產商崛起和對土地資源的操控，發現商業公廁透過「勢力影響範圍」的設立，有效持續公廁服務，最令人關注的是這些範圍賴以成功的關鍵，乃建基於公廁地產商的土地擁有權，還有因此而衍生的社會精英身份。不論在政治上和經濟上而言，這些範圍的設立讓商業公廁得以廉價操作，更為重要的是這促使政府對此類公廁作出功能上的依賴——規範華人便溺習性並維持基本公共衛生。這裏要強調的並非商界綁架了政府，以強勢迫令其合作，而是土地資源的操控讓地產商有能力介入公共服務，促使政府倚重其雄厚土地資源提供及持續公廁服務，跨越政府和商界以及殖民政府和被殖民者之間固有的公共角色。

而土地權力轉化為政治權力，更賦予他們和政府保有討價還價的關係，成為後者在城市管治上的夥伴。財政緊絀加上渠務技術未如理想，要回應急速城市化為城市管治帶來的新挑戰，政府採取的策略是和商界合力將公廁商品化，利誘地產商介入公廁服務，鼓勵其在自家土地上出資建造城市基礎設施如公廁，並提供持續性的公廁服務維持公共衛生，而政府則退居促進者（Facilitator）一角，只負起監管角色，以廉價方式進行城市管治。可以說這些範圍的形成對政府和公廁地產商而言均是雙贏，政府利用後者的土地資源，令自家免於和其他地主在公廁選址上的爭辯，而公廁地產商則享受政府不介入的自由營商

環境。當中傳達了一個重要信息：政府不一定會肩負公共角色，而商界也能提供公共服務。

事實上在財政緊絀，渠務技術未臻完善，以及社會張力下，糞廁正是政府賴以維持基本公共衛生的最佳選擇，惟要在鬧市興建的難度頗高，公廁地產商正好為政府排難解困，商業公廁緩解了提供政府公廁的緊急性，為城市管治帶來正面效果。或許這樣說會較為恰當，這其實是政府、公廁地產商、公廁經營者、糞便承包商在糞便和物業投機上共同享有利益，形成命運共同體。這些利益的追逐並不會危及英國政府的帝國利益，再者公廁全部集中在華人社區，換言之沒有殖民者會正面受到公廁滋擾。在要求維持公共衛生呼聲下，政府十分樂意向公廁經營一方提供有利的營商措施，如只須每月提交 60 仙（每一廁格）便可開業營辦商業公廁。與此同時，除 1894 年大瘟疫爆發期間，政府並沒有強制在商業公廁糞便灑上灰土消除異味（*RUUA*, 1899）。肥料價值是促成糞便有利可圖的主要原因，如其價值受損，後果堪虞，政府不能倚重出售糞便而提供有限度的政府公廁服務，而另一邊廂的商業公廁一方亦會拉大隊撤離公廁市場，政府將會被迫動用大量公帑清理糞便和提供公廁服務。

地產商大幅度介入香港公廁市場，而政府又樂將此項公共服務交付之，這不單反映商界利益，其中政府必有利可圖，並非簡單概括為政府被商界綁架之說可解釋。究竟政商的利益同

盟是如何維持的？Miliband（1983: 72）認為：「這是政府和先進資本社會的支配階級的一個精準和實際的關係，雖然各自有其關注的領域，但有很多線將這兩股截然不同且分割的勢力連在一起。」可是他的分析仍未能充分解釋迴然不同的利益何以聚合在某一點，是甚麼將自家利益轉化為共同願望？又如何確保利益聚合呢？Migdal（1988: 106）提出這其實是殖民政府刻意經營的，按精英們的資源和社會影響力，小心選擇和它們持有共同需要（如控制本地社會）的本地精英。

那何以偏偏選中地產商？當中涉及兩個決定性因素：按其對本地社會的影響力和手握的資源而定。確實有很多證據顯示，土地資源精英坐擁雄厚土地資源和社會勢力，是他們給政府看上的原因，成為在城市管治和社會控制上的策略性夥伴（Migdal, 1988; Thompson, [1963] 1969）。基於互惠互利，在農業官僚體系內，不時看到政府和地主合謀剝削農民的土地稅（Skocpol, 1979）。這類建基於土地資源和權力的政商利益同盟，展示了社會精英以龐大資源介入城市管治的模式。

Weiss（1998）提出政商在城市管治上達成共謀的先決條件，是本地商界在經濟上日益重要，具備和政府交換的資源，才能促成共謀並維持協商關係。Weiss 在研究中發現這賦予商界強勁力量成為政府夥伴，而只要兩界旗鼓相當又一直互相依存，就能保有討價還價的關係，有利合作的持續性。就資源交換，

Illchman 和 Uphoff（1998）提出夥伴們深明需要他方的資源配合才得以成就某些事，成為鞏固同盟狀態的關鍵。在香港公廁研究上，看到牢牢的土地操控權讓地產商得以在公共服務上持有支配性角色，這是其他本地社會精英羣體無與匹敵的，手握雄厚土地資源的地產商似乎更能有效處理由其他地產商引發的公共空間競賽，並持續提供商業公廁服務，這在某程度上反映政府在這方面的能力有所不足，誘使政商在公廁事宜上合作。由於政府的依賴，商界從中得益，擴大在公廁發展和土地用途上享有決定性角色，但同時又鞏固了殖民管治。簡而言之，政商合作互惠互利。

不過 Ilchman 和 Uphoff 及 Weiss 均將資源交換視為政府的生存策略，由下而上由商界土地資源驅動的政商同盟顯然不是他們所關心的；再者，並非所有政商共謀均被制度化。究竟以資源交換模式的政商利益同盟如何透過非正規途徑進行？

沉默的共謀模式

談到香港殖民制度和政策的成功秘訣時，吳榮德（Ngo, 2000）提出在於政商利益同盟以共識模式操作，兩界的共同理解是政府准許商界享有特權，以換取對政策的支持，同時商界

亦深諳不向當局提出以公帑支援商業活動，從而換取自由貿易空間。互相依存，在特有框架內以共識為基礎的結盟模式，頗具策略性意味，暗地裏成就各方不同目的。Kavanagh 和 Morris (1989: 13) 娓娓道來共識的精髓：「如果『共識』只是被理解為沒有分歧或純粹的精英共謀，那就起不了甚麼作用。較恰當的想法是將之化作一系列參數——在行政上可行，經濟上負擔得來和政治上予以接受，用以規範資深政客和公務員在政策上所能作出的選項。建基於這些共識上，政黨精英的分歧就得以抑制。」那即是說沒有分歧並不代表存在共識，而事情要有所推進又或利益同盟得以維繫，必須存有更正面的力量，那就是夥伴們清楚理解大家在共同框架內辦事，共識始有望達成，這時候大可要求其他夥伴有義務地按既有默契作出預期回應。

本書提出殖民政府和公廁地產商互相依存的利益結盟，同以共識為操作機制。不論在實際上和概念上公廁均予人污垢之感，有違西方衛生觀念，正式的政商協作或許會對政府造成尷尬，在如斯充滿階級和種族張力的香港，不宜諸口的共識操作模式顯較合用。雖然合作並非制度化且不明顯和鬆散，但由於雙方均需要對方協助才能成事，這令他們無形中受制於一定參數——糞廁服務的持續性。雙方清楚明白只要服務持續，公廁地產商必須有效壓抑公廁投訴和持續服務，其公廁利益（包括租金和糞便收益）自會受到保障，按此政府繼續採用糞廁制度，

並推行營商措施便利公廁營運。商業公廁的持續性高度依賴公廁地產商的土地權力和利益而非效能,換言之只要公廁服務得以持續維持基本公共衛生,政府樂於默許這類公廁的存在。

以利字掛帥,商業公廁一方懶得理會衛生水平,雖然法例要求公廁保持衛生,實際上對未能保持糞桶清潔和公廁日久失修的檢控少之又少。1885 至 1905 年間錄得多趟零檢控,包括 1885 年、1889 至 1893 年、1896 至 1897 年;縱使大瘟疫爆發的 1894 年也僅錄得四宗檢控,最多檢控的一年是 1903 年,共有二十三宗共罰 239 元。[2] 無怪乎公廁地產商往往漠視檢控,並沒有採取任何跟進措施改善衛生。政府的不介入為商界創造有利營商環境,便利了商業公廁的運作,亦令雙方保有合作關係,在政商共謀下,檢控又或衛生措施的力度往往被矮化。當雄厚的土地資源令「勢力影響範圍」行之有效,能夠封銷公廁滋擾免於投訴,令服務得以持續,自然驅使政府睜一隻眼閉一隻眼,對公廁地產商本應承擔的衛生責任採取寬鬆態度。雖謂「勢力影響範圍」未能真正解決公廁所造成的滋擾,起碼令商業公廁得以持續有助維持基本公共衛生。再者,這些嚇人的公廁全集中在華人社區,殖民政府不受影響,故此政府欣然默許這些範圍的存在。只要它能起着維持基本公共衛生的作用,並解除政府對本地社會的公共衛生責任,政府很樂意對商業公廁的衛生水平採取容忍態度。

必須要指出的是利益同盟也好，抑或共識機制也好，並不確保夥伴和諧相處且存在默契。Kavanagh 和 Morris（1989）提醒說分歧只是壓抑了而非獲得妥善解決，當分歧大至按耐不住時（尤其是利益衝突），關係隨之轉變。Miliband（1983: 72）流動性的夥伴關係概括為不固定且經常更換，原因是受到很多不同處境影響，尤其是階級鬥爭。在本地商界和政府及跨國企業之間合作的研究中，Evans（1979）提出夥伴之間「持續討價還價」乃十分平常，很難簡單化誰綁架了誰，又或誰向誰屈膝。第一個原因是所有夥伴同處於變幻莫測的環境中，受到外在因素挑戰的機會是均等的；第二是他們均知己知彼掌握自己和夥伴們的優勢和弱點，明白只有通過合作才能在此環境中達致雙贏結果。

的確，香港公廁建設往往同時涉及政商在公共空間使用上的協商和鬥法。片斷式合作是這種關係的特點，在某些事情上合作，卻在另一些事情上互相競逐（Migdal, 1988），這十分切合顧汝德（Goodstadt, [2005] 2012）所說的「不安穩的夥伴關係」。華人得以晉身為夥伴，顯然和他們在政治領域的認受性日益增加有緊密關連，而這又正好反映他們經濟力量茁壯成長。換言之，當華人的經濟力量日漸豐厚，無可避免地令政府高度依賴他們以持續殖民管治，反過來助長他們挑戰政府的信心（Chan, 1991; Law, 2009; Tsai, 1993）。

建基於實證研究，筆者將政商在公廁事宜上的合作界定為模糊、非正規和不易察覺，雙方均可隨時參加或離隊，亦不會在所有大小事務上合作。這顯然和 Pierre and Peters（2000）與 Weiss（1998）提出的正式又或制度化的協作大為不同——標示着有較多承擔且多由政府主導，既沒有正式協議又互不負任何責任，沒有保證在遇有矛盾時仍會堅守義務。

由於殖民地的政商共謀往往和階級及種族的張力相互交織，故此在結成利益同盟時須要考慮策略性平衡，為此添加不確定因素，令同盟存在先天性脆弱和不穩定（Tsai, 1993）。任何風吹草動，勢頭一旦逆轉，同盟狀態就要重新確認。在前些章節看到公廁利益將政府和地產商繫於一線，但公共衛生的改善卻令他們走上決裂之路，離離合合。縱然雙方處於合作關係，衝突時有發生；說穿了，兩界的合作完全是基於利益，在資本主義邏輯下的利益聚合，顯然不代表關係和諧且凡事一致。

城市管治下的政商張力

港英政府和華籍地產商之間的動態關係，在一宗發生於介乎 1888 至 1891 年間的商業公廁興建狂熱中充分反映，一切離不開利益之爭。為了逃避 1887 年《公共衛生條例》要求維修破

損房屋的命令，華籍地產商紛紛將殘破不堪的物業改建為商業公廁出租，[3] 政府被殺個措手不及，此趟的公廁狂熱再次曝露了政府和地產商之間潛在的張力。在相當程度上，政府在是次城市空間的競逐中處於不利位置，皆因它並沒有足夠的法律權力制止他人營辦公廁，這讓地產商佔盡上風，有策略性地回應公共衛生改善的要求，運用手上資源將形勢轉化為有利於自己的政治和經濟處境。[4] 鑑於公廁的獨特性質，1890 年政府決意遏止此趟熱潮，委任三人委員會就事件作出調查，成員有查維克、何啟和時任潔淨局主席 S. Brown；[5] 未及公佈報告結果，何啟高姿態支持商業公廁的興建，聲稱有很多地產商渴望加入公廁市場，質疑為何還要動用公帑和空間興建政府公廁。[6] 回看1887 年，如前些章節所述，何啟振臂高呼只要居所內提供足夠的糞桶和尿壺，根本無需設立公廁。互相矛盾的論點充分反映公共衛生議題操控在地產商手上，按利益行事（Endacott, [1958] 1973）。

　　得到何啟支持，地產商們趕緊加入商業公廁市場。1891 年8 月，建築師 John Lemm 代表五名顧客向政府申建六所商業公廁。[7] 其時有報章形容政府被商界綁架：「最近興建商業公廁的熱潮如雨後春筍般在不少華籍地主間湧現，當中有些是和政府和商界均有聯繫的富有人士，他們大肆拆卸需要維修的房屋，將之改建為公廁。」[8] 該報導警告說：「政府已批准了十五份申

請⋯⋯，另有七份正忙於預備公廁計劃和規格，不久將來便會
正式遞交⋯⋯入場費為 1 至 2 銅錢，屈指一算便知利潤是何等
豐厚。」有趣的是，同樣激烈反對有關條例的現有公廁地產商，
在整件事件中均保持緘默，並沒有對他們的地產商朋友們予以
支持。考量到當其時的政治形勢，政府認為有需要展示殖民權
威和維持穩定，在敵對氣氛下匆匆於 1891 年通過首條《公廁條
例》（*Latrine Ordinance*），賦予政府介入公廁事宜，重奪商業公
廁發牌權。[9] 這姿態反映政府並沒有放棄其權力向商界投降，
並且透過其所持有的發牌權力，證明它是有能力維持管治，不
受脅迫（Chiu, 1994）。由於公廁會令其鄰近物業價值大跌，按
政府文件顯示至少十份申請被拒；[10] 事實上，並沒有新申請獲
批。[11] 經過政府和地產商們的三年拉鋸，現有公廁地產商可說
是大贏家，他們的公廁獲得法律確認，以回饋在拉鋸戰中保持
緘默。換句話說，競爭對手被政府剿滅殆盡，讓他們的商業公
廁壟斷了公廁市場。某程度上，有關法例在法律上充當確認政
府和現有公廁地產商結成利益同盟的機制，這更是他們合作愉
快的重要標示。

不過三年後，他們的關係面臨另一趟考驗。1894 年大瘟
疫爆發，釀成 2,485 人死亡，為當時人口的百分之一，[12] 公廁
的不潔情況遭到責難，被詬病為疫症的主要媒介。在醫療報告
The Epidemic of Bubonic Plague in Hong Kong 中，國家醫院署理

總監勞信（J. A. Lowson）宣佈：「公廁的惡劣衛生是傳播疾病的其中一個最重要因素」，[13] 在公廁搜集而來的糞便中發現大量疫症病菌，估計這些受感染的糞便為病菌滋生的溫床，通過公廁用家的肛門進入人體，而經常光顧這些公廁的草根階層男性最易受感染。此結論建基於兩點：第一，有大量居住在下列公廁附近的草根階層男性死亡，當中包括第一街29號公廁（鄧六家族持有），第二街91號公廁（許祖）和西營盤正街50號公廁（郭松家族，現滕王閣附近）（表4.2，見頁128）。第二，無獨有偶，最後兩所公廁均靠近常豐里，其中住有多名公廁糞便苦力，同告死亡。[14]

　　疫症爆發初時仍未確定經老鼠傳播，當時估算由瘴氣引發，其一來源是糞便腐化所產生，而這並不局限在直接觸碰糞便，有可能在光顧公廁或在其附近居住，吸入受病菌感染的氣體而發病。在此緊急情況下，政府採取某些即時措施，如強制在糞便灑上含氯氣的石灰等消毒物，並因應風向下令關閉部分受影響的公廁，避免氣體侵襲附近民居。其時甚至出動駐港英軍協助在公廁噴灑石灰，可是公廁經營者顯得不太合作，分別由陳培和黃義隆持有的歌賦街和香馨里公廁，於1895年各被判處罰款25元和50元。[15] 兩家公廁的衛生水平如常的嚇人，並不見有所改善。眼見公廁衛生不符理想，而地產商又無意在出租房屋內加建家廁，勞信呼籲加大力度興建政府公廁。無庸他

說，政府很清楚商業公廁衛生惡劣，究竟大瘟疫是否能驅動其承擔提供公廁的責任呢？

　　一般認為商業利益為殖民政府命脈，在受到疫症嚴重衝擊下，最終迫令政府推行衛生改革。港督羅便臣（W. Robinson，1891-1898）形容 1894 年大瘟疫為「史無前例的災害」，他指：「買辦、承包商、輪班職工、商人、家庭傭工、苦力全都大逃亡，總計約 100,000 人離港。縱使規模相當的煉糖廠也停止運作，幾近所有華人開辦的店舖都關閉了，基本上商業活動陷入停頓狀態……在那些慣常熙來攘往的街道上，唯一的生命跡象是孤寂的行人，又或駛往醫院準備將死者運往墳場的隆隆車聲……。一點也不誇張，我可以斷言貿易和商業受到重挫。」[16] 在潔淨局建議下，港督宣佈香港為疫埠。可惜雷聲大雨點小，《公廁修訂條例》於疫症爆發後三年始通過，禁止新商業公廁的興建，並將興建公廁的權利放回政府手上。條例同時擴大政府在公廁選址上的權力，凡經立法局充分考慮反對意見後同意的選址，地區人士不得異議。[17] 面對來自地產商及地主潛在的政治壓力，港督煞有介事地向英國殖民地大臣張伯倫（J. Chamberlain）致以信函，要求他支持有關法例的通過。[18] 看似很認真，實際上公廁制度並不見有甚麼驚世的轉變，糞廁制度繼續，即是說政府及商業公廁仍舊充當糞便收集站。

雖然 1894 年疫症爆發後已立時有呼聲要求設立政府公廁，及至 1897 年涉及 14 所廁所的計劃始出爐，[19] 可是一切要直至 1900 年才獲得真正落實。[20] 不斷延誤無非是錢和政治作怪，老問題：「錢從何來」？ 1890 年代末，維多利亞城共有 704 個廁格，其中 531 個（來自 19 所廁所）為商業公廁所有（表 4.1，見頁 120），其龐大的糞便收益令政府垂涎。為了增加庫房收入，政府向這些公廁打起主意，擬回購所有商業公廁吸納它們的糞便收益，按推算結合政府公廁的糞便收益，總計由 30,384 增至 73,340 元。[21] 估算雖然可觀，而潔淨局亦多番建議拆卸這些臭氣沖天的商業公廁，可是計劃最終還是遭否決（RUUA，1899）。關鍵的一點是這些公廁大都盤踞在人流暢旺的地點，大大增加回購成本，而更重要的是，新安排會剝奪公廁地產商和經營者的公廁收益，恐引起政治衝突。這在前些章節已見識過每逢衛生措施有違自家利益，商人們毫不猶豫立時團結起來，透過抗議和罷市向政府抗命，方法不一而足。某程度上，政府和公廁地產商在公廁事宜上的合作，牽制其執行衛生措施的能力，政府須捨棄一些權力。當然這並不意味失去自主性，它仍有很多方法介入公廁操作，除了控制公廁發牌，商業公廁內糞便的私人資產權受到法例保障，令商業公廁得以持續，政府角色不容忽視（Block and Evans, 1994）。

公廁制度的轉變動力實來自外在因素而非疫症。經過三個

年代的持續上升，及至 1903 年糞便收益首次錄得逆轉，連同垃圾投標的收益總計共 52,200 元，較上一年度跌了百分之二十三（圖 4.4，見頁 105）。三年後，進一步下滑至 41,685 元，為政府年度收入的百分之零點五。1900 年代初，南中國受到連續不斷的旱災和水災侵襲，糞便承包商無法向農作物失收的農夫收回所欠的糞便費，承受嚴重財政損失，減卻收集香港糞便的意欲。[22] 第二次收益下滑發生於 1910 年代中，1915 年海盜經常出沒在由香港至順德的虎門水道，以火燒滿載糞便的船隻和屠殺船員勒索糞便承包商，雖然獲中國政府派出軍隊護送船隻駛經此危險海域，但這可不是免費午餐，承包商支付了大筆護航費。[23] 好事多磨，一年後，首任中華民國大總統袁世凱自立為帝，廣東宣佈獨立以示抗議，在一片獨立聲中多處出現暴亂，令糞便承包商難以將糞便順利運抵順德。[24] 接踵而來的還有 20 世紀初，珠江三角洲絲綢工業發展緩慢下來（So, 1986）。凡此種種，承包商向政府競投糞便的收集價應聲而下，在某些情況下甚至將糞便傾倒於香港海域，帶來嚴重衛生滋擾。[25]

清楚可見，糞便再不能帶來巨大利潤，換言之公廁服務不能賴以持續；其時政府反過來每月支付 3,800 元着承包商清理政府公廁內的糞便，及至 1916 年累計 8,000 元損失。[26] 糞便需求和價格下降同樣令商業公廁營辦者無法向公廁地產商支付高昂租金租賃公廁，隨着營辦者離場，公廁地產商亦陸續關閉商

業公廁，他們和政府的公廁共謀亦畫上句號。商業公廁倒閉潮早於 1900 至 1905 年間發生，數目一下子由十八所縮減至十三所，及至 1920 年再進一步下調至八所（圖 4.5，見頁 112），市場崩潰成為迫使政府介入公廁建設的助力。

　　公共衛生危機常被視作促使政府承擔其公共角色的機制（Lau, 2002; Pelling, 1978; Rosenberg, 1962; Yip, 2009），現實是政府公廁的設立並非出於對疾病的恐懼，據觀察這乃建基於多項因素的組合：第一，自從 1894 年大瘟疫爆發後連續兩個年代，染病致死的死亡率持續高企在九成（Choa, 1981: 200），可是政府對設立公廁和改善公廁衛生的力度不似預期，並無摒棄糞廁制度，商業公廁亦繼續大行其道，當初政府構思回購這些公廁乃出於經濟考慮而非公共衛生，最終打消此計劃則基於政治原因；第二，糞便市場失利，商業公廁關門大吉，政府再不能透過利誘而將公共服務交由私人營辦，無計可施下惟有自家肩負起責任；第三，1901 年香港總商會向殖民地大臣張伯倫發出一封逾千名商人（主要為歐洲人）的簽署信，批評港英政府漠視衛生管理危及營商環境，其中建議政府回購所有商業公廁；[27]第四，1911 年辛亥革命後大批華人由中國湧至香港，面對龐大人口壓力，公廁需求激增，過往依賴私人提供服務的做法似未能回應新時代的挑戰。在種種原因交錯下，政府始承擔提供公共基礎設施的角色，由此可見，殖民政府並不視提供公共衛生

服務為其必然的管治角色。

有別於現有研究的主流論述，將重點放在土地權力的牽制性一面，本書反過來探討權力的促進性一面，以政治經濟視角（重點是資源控制）作為理論框架，剖析公共服務並不一定由政府提供，而是如何由商界的資源牽動政商在城市管治上的合作，手握充沛土地資源的地產商縱然沒有在官場上擔任一官半職，也可提供有關服務成為政府在城市管治上的夥伴。弔詭的是，公共衛生設施的設置及服務是憑藉華籍地產商高度介入商業公廁市場而達致，這對殖民政府維持其管治帶來正面影響，因而令政商關係保有討價還價的空間，這表明兩界關係並不必然處於二元抗爭，而協作又是充滿動態，可採取非正規方法。

的確，兩界互相構建和實踐對方的政治利益，政府在功能上極度依賴公廁地產商提供公廁服務，結果大大擴張了商界的政治權力和介入城市管治的幅度，與此同時公共衛生又獲得基本保障，有助殖民管治取得更大認受性。我們看到政府和公廁地產商在公廁建設上的共謀，乃建基於互為依存的關係，當中透視雙方勢均力敵，各持有對方需要的資源，這正是令他們可以維持協作關係的關鍵。政府需要商業公廁的服務和「勢力影響範圍」以封鎖潛在的公廁投訴，手持雄厚土地資源讓公廁地產商能夠策略性地維持公廁服務，解決政府在公廁選址上的困難。另一方面，這些地產商同樣有賴政府提供有利營商的措施，

並能透過政府架構如法律框架遏制其他潛在的公廁競爭對手。
很明顯，公廁充作調節雙方利益和關係的場所，好使政商得以
在城市管治上達成協作關係。

圖 6.1 建於 1913 年的砵甸乍街地下公廁，利用山體斜度開闢公廁，並在地面加設玻璃透光和抽氣扇（箭咀示）加強空氣流通。該廁於 2011 年列為歷史建築。

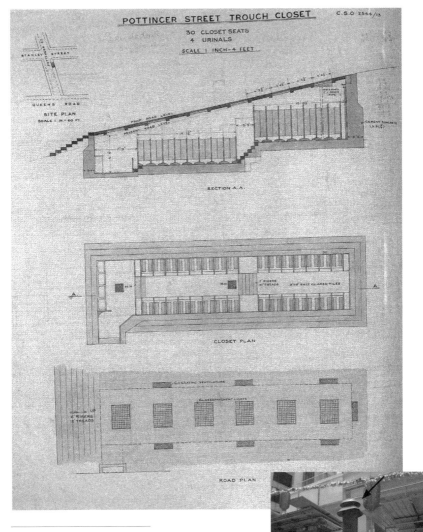

資料來源：
HKRS 913-1-723, 1910.

註

1　Enclosure 2, No. 42, *BPP*, Vol. 25, pp. 728.

2　Criminal Statistics, *HKSP*, 1880-1910.

3　*HKT*, 26 March 1891; MSB, *HKGG*, 22 August, 24 October and 14 November 1891;
　　Public Latrine, *HKGG*, 7 February 1891.

4　*HKT*, 9 February 1891.

5　*CM*, 7 March 1890.

6　Public Latrine, *HKH*, 5 December 1890.

7　MSB, *HKGG*, 22 August, 24 October and 14 November 1891.

8　*HKT*, 26 March 1891.

9　根據條例，每所公廁應該有最少一名服務員，每天用除臭劑清潔地板、廁格和儲存糞
　　便的容器，並以石灰、鴉片或木槺覆蓋糞便，更要在日出前或日落後點燈，且不得把
　　公廁用作居所，Latrines, *HKGG*, 21 February 1891。可是執法寬鬆，全無阻嚇作用。

10　MSB, *HKGG*, 1888-1892.

11　核對差餉紀錄，並不見涉事前後商業公廁數目和地點有重大變化，HKRS38-2, *HKRB*,
　　1888-1892。

12　Epidemic of Bubonic Fever, *HKGG*, 15 December 1900.

13　Plague Epidemic, *HKGG*, 13 April 1895, pp. 373. 參看 *Report by the Medical Officer
　　of Health*, 1895, pp. 353-354。

14　Plague Epidemic, *HKGG*, 13 April 1895, pp. 374.

15　1895 年 6 月，有八宗疫症個案被指因香馨里公廁不潔而起，此廁被處以罰款，Appendix
　　B, *Medical Report of the Prevalence of Bubonic Plague during the years 1895 and 1896*。

16　*HKAR*, 1895, pp. 130-131. 參看 Governor's Dispatch, *HKSP*, 1894, pp. 283-292。

17　The 1897 Latrine Ordinance, *HKGG*, 31 May 1897.

18　Government Latrine, CO 129/276, 1897, pp. 61-64.

19　Public Latrine, *HKGG*, 4 September 1897.

20　同上，1899 年 7 月 29 日。

21　Latrine Accommodation, CO 129/299, 1900, pp. 302.

22　Medical and Sanitary, *HKAR*, 1915, 1916.

23　同上。

24　CRN, CO 129/432, 1916, pp. 693-696; Medical and Sanitary, *HKAR*, 1916.

25　同註 22。

26　Contract for Removal of Nightsoil, CO 129/432, 1916, pp. 693-696.

27　Correspondence regarding the Sanitary Condition of Hong Kong, *HKSP*, 1901;
　　Sanitation of the Colony, C0129/305, 1901, pp. 637-668.

參考書目

(按姓氏筆畫排序)

中文書及期刊

丁新豹（1988）《香港早期之華人社會 1841-1870》，未發表的博士論文。香港大學。

中國社會科學院近代史研究所中華民國史研究室（1982）《中國第一家銀行：中國通商銀行的初創時期，1897-1911》。北京：中國社會科學出版社。

余新忠（2014）《清代江南的瘟疫與社會：一項醫療社會史的研究》。北京：北京師範大學出版社。

宋慶齡紀念基金（2013）《永不飄逝的記憶　我家與宋慶齡事業的情緣》。上海：東方出版中心。

施振國（1996）《上海環境衛生志》。上海：上海社會科學院出版社。

陸鏡全（2001）〈上海糞大王史話〉，載《上海文史資料存稿匯編》，上海：上海古籍出版社。

彭善民（2007）《公共衛生與上海都市文明，1898-1949》。上海：上海人民出版社。

費孝通（1985）《鄉土中國》。三聯書店（北京）。

楊美惠（2009）《禮物、關係學與國家：中國人際關係與主體性建構》。趙郁東及孫珉合譯。南京：江蘇人民出版社。

劉智鵬（2013）《香港早期華人菁英》。香港：中華書局。

廣東省地方志編纂委員會（2004）《絲綢志上冊》。廣州：廣東人民出版社。

鄧廣殷（1996）《我的父親鄧文釗》。北京：中國文史出版社。

盧漢超（2004）《霓虹燈外：20 世紀初日常生活中的上海》。上海：上海古籍出版社。

羅香林（1971）〈香港早期之打石史蹟及其與香港建設之關係〉，載《食貨月刊》第一卷第九期，頁 459-463。

英文書及期刊

A

Anderson, W. (1995) "Excremental Colonialism: Public Health and the Poetics of Pollution," *Critical Inquiry*, Vol. 21, No. 3, pp. 640-669.

Andrews, M. W. (1990) "Sanitary Conveniences and the Retreat of the Frontier: Vancouver, 1886-1926," in *BC Studies*, No. 87, Autumn, pp. 3-22.

Anstey, V. (1929) *The Economic Development of India*. London, New York and Toronto: Longmans, Green and Co.

Apter, D. E. (1965) *The Politics of Modernization*. Chicago and London: The University of Chicago Press.

Armstrong, D. (1993), "Public Health Spaces and the Fabrication of Identity," *Sociology*, 27, No.3, pp. 393-410.

Arnold, D. (1993) *Colonizing the Body: State Medicine and Epidemic Disease in Nineteenth-century India*. Berkeley: University of California Press.

— — (1994) "Public Health and Public Power: Medicine and Hegemony in Colonial India," in Engels, D. and S. Marks (eds.) *Contesting Colonial Hegemony: State and Society in Africa and India*, pp. 131-151. London & New York: The German Historical Institute, London.

Axelrod, R. (1984) *The Evolution of Cooperation*. New York: Basic Books.

B

Baldwin, P. (1999) *Contagion and the State in Europe, 1830-1930*. Cambridge: Cambridge University Press.

Barlow, T. E. (1997) *Formations of Colonial Modernity in East Asia*. Durham and London: Duke University Press.

Barnes, D. S. (2006) *The Great Stink of Paris and the Nineteenth-Century Struggle against Filth and Germs*. Baltimore: Johns Hopkins University Press.

Bashford, A. ([1998] 2000) *Purity and Pollution: Gender, Embodiment and Victorian Medicine*. Houndmills, Basingstoke, Hampshire and London: Macmillan Press; New York: St. Martin's Press.

Ben-Porath, Y. (1980) "The F-Connection: Families, Friends, and Firms and the Organization of Exchange," in *Population and Development Review*, Vol. 6, No. 1, pp. 1-30.

Benedict, C. (1996) *Bubonic plague in Nineteenth-century China*. California: Stanford University Press.

Bhabha, H. K. (1994) *The Location of Culture*. London and New York: Routledge.

Block, F. (1987) *Revising State Theory: Essays in Politics and Postindustrialism*. Philadelphia: Temple University Press.

Block, F. and P. Evans. (1994) "The State and the Economy," in Smelser, N. J. and R. Swedberg (eds.) *The Handbook of Economic Sociology*, pp. 505-526. Princeton: Princenton University Press.

Bottomore, T. and R. J. Brym (eds.) (1989) *The Capitalist Class: An International Study*. New York: Harvester Wheatsheaf.

Bristow, R. (1984) *Land-use Planning in Hong Kong: History, Policies and Procedures*. Hong Kong: Oxford University Press.

Brunton, D. (2005) "Evil Necessaries and Abominable Erections: Public Conveniences and Private Interests in the Scottish City, 1830-1870," in *Social History of Medicine*, Vol. 18, No. 2, pp. 187-202.

C

Carroll, J. M. (1999) "Chinese Collaboration in the Making of British Hong Kong," in Ngo, T. W (ed.) *Hong Kong's History: State and Society under Colonial Rule*, pp. 13-29. London and New York: Routledge.

— — ([2005] 2011) *Edge of Empires: Chinese Elites and British Colonials in Hong Kong*. Hong Kong: Hong Kong University Press.

Carroll, P. and P. Steane. (2000) "Public-Private Partnership: Sectoral Perspectives," in Osborne, S. S. P. (ed.) *Public-Private Partnerships: Theory and practice in International Perspective*, pp. 36-56. London and New York: Routledge.

Carnoy, M. (1984) *The State and Political Theory*. New Jersey: Princeton University Press.

Caporaso, J. A. and D. P. Levine. (1992) *Theories of Political Economy*. Cambridge: Cambridge University Press.

Chadwick, E. (1997) *Public health, Sanitation and its Reform.* London: Routledge/Thoemmes Press.

— — ([1842] 1997) *Report on the Sanitary Condition of the Labouring Population of Great Britain.* London: Routledge/Thaoemmes Press.

Chadwick, O. (1882) *Mr. Chadwick's Report on the Sanitary Condition of Hong Kong.*

Chakrabarti, P. (2012) *Bacteriology in British India: Laboratory Medicine and the Tropics.* Rochester, NY: University of Rochester Press.

Chan, W. K. (1991) *The Making of Hong Kong Society: Three Studies of Class Formation in Early Hong Kong.* Oxford: Clarendon Press.

Chang, J. H. (2016). *A Genealogy of Tropical Architecture: Colonial Network, Nature and Technoscience.* London and New York: Routledge.

Chapman, S. D. (ed.) (1971) *The History of Working-class Housing.* Newton Abbot: David and Charles.

Chattopadhyay, S. (2005). *Representing Calcutta: Modernity, Nationalism, and the Colonial Uncanny.* London and New York: Routledge.

Chiu, W. K. (1994) *The Politics of Laissez-faire: Hong Kong's Strategy of Industrialization in Historical Perspective.* Hong Kong: Hong Kong Institute of Asia-Pacific Studies, The Chinese University of Hong Kong.

Choa, G. H. (1981) *The Life and Times of Sir Kai Ho Kai.* Hong Kong: Chinese University Press.

Chu, C. (2013) "Combating Nuisance: Sanitation, regulation, and the Politics of Property in Colonial Hong Kong," in Peckham. R. and D. M. Pomfret (eds.) *Imperial Contagions: Medicine, Hygiene, and Cultures of Planning in Asia,* pp. 17-36. Hong Kong: Hong Kong University Press.

Coates, A. (1980) *Whampoa: Ships on the Shore.* Hong Kong: South China Morning Post.

Coleman, J. S. (1988) "Social Capital in the creation of Human Capital," in *The American Journal of Sociology,* Vol. 94, pp. 95-120.

Collins, C. (1952) *Public Administration in Hong Kong.* London and New York: Royal Institute of International Affairs.

Conroy, F. H. (1960) *The Japanese Seizure of Korea, 1868-1910: A study of Realism and Idealism in International Relations.* Philadelphia: University of Pennsylvania.

Cowell, C. (2013) "The Hong Kong Fever of 1843: Collective Trauma and the Reconfiguration of Colonial Space," in *Modern Asian Studies,* Vol. 47, pp. 329-354.

Crowder, M. (1970) West *Africa under Colonial Rule.* London: Hutchinson of London.

Curtin, P. D. (1964) *The Image of Africa: British Ideas and Action, 1780-1850.* USA: The University of Wisconsin Press.

D

Dirks, N. B. (1992) "Colonialism and Culture," in N. B. Dirks (ed.) *Colonialism and Culture,* pp. 1-25. USA: The University of Michigan.

Dirlik, A. (2003) "Global Modernity? Modernity in an Age of Global Capitalism" in *European Journal of Social Theory,* Vol. 6, No. 3, pp. 275-292.

Douglas, M. (1970) *Purity and Danger: An Analysis of Concepts of Pollution and Taboo.* Harmondworth: Penguin.

Dudgeon, J. H. (1877) *The Diseases of China: Their Causes, Conditions, and Prevalence, Contrasting with those of Europe.* Glasgow: Dunn & Wright.

Duffy, J. (1992) *The Sanitarians: A History of American Public Health.* Urbana and Chicago: University of Illinois Press.

Durey, M. (1979) *The Return on the Plague: British Society and the Cholera 1831-2.* Dublin: Gill and Macmillan Humanities Press.

E

Eitel, E. J. ([1895] 1983) *Europe in China: The History of Hong Kong from the Beginning to the Year 1882.* Hong Kong: Oxford University Press.

Elias, N. ([1939] 1978) *The Civilizing Process: The History of Manners.* Oxford: Basil Blackwell.

Endacott, G. B. ([1958] 1973) *A History of Hong Kong*. Hong Kong: Oxford University Press.

— — (1964) *State and People in Hong Kong, 1841-1962*. Hong Kong: Hong Kong University Press.

Eng, Y. Y. (1986) *Imperialism and the Chinese Economy: The Canton and Shanghai Silk Industry, 1861-1932*. Michigan: University Microfilms International.

Evans, D. E. (1970) "Chinatown in Hong Kong: The Beginnings of Taipingshan," in *Journal of the Royal Asiatic Society Hong Kong Branch*, Vol. 10, pp.69-78.

Evans, P. (1979) *Dependent Development: The Alliance of Multinational, State, and Local Capital in Brazil*. Princeton: Princeton University Press.

Evans, R. J. (1987) *Death in Hamburg: Society and Politics in the Cholera Years, 1830-1910*. Oxford: Clarendon Press.

F

Fanon, F. (1970) *A Dying Colonialism*. Australia: Penguin Books.

Fichtner, P. S. (1976) "Dynasty Marriage in Sixteenth-Century Habsburg Diplmacy and Statecraft: An Interdisciplinary Approach," in *The American Historical Review*, Vol. 81, No. 2, pp. 243-265.

Fong, C. H. (2015) *Hong Kong's Governance under Chinese Sovereignty: The Failure of the State-Business Alliance after 1997*. London and New York: Routledge.

Foucault, M. (1978) *The History of Sexuality, Vol. 1: An Introduction*. Translated by R. Hurley. London: Penguin.

— — ([1994] 2001) *Power*. Edited by Faubion, J. D; translated by R. Hurley et al. USA: Allen Lane.

Frazer, W. M. (1950) *History of English Public Health, 1834-1939*. London: Baillière, Tindall ad Cox.

Friedman, M and R. Friedman. ([1980] 1990) *Free to Choose: A Personal Statement*. San Diego: Harcourt, INC.

Furth, C. (2010) "Introduction: Hygienic Modernity in Chinese East Asia", in Leung, K. C. and C. Furth (eds.) *Health and Hygiene in Chinese East Asia: Policies and Publics in the Long Twentieth*

Century, pp. 1-21. Durham and London: Duke University Press.

G

Gandy, M. (2006). The Bacteriological City and Its Discontents. *Historical Geography*, Vol. 34, pp. 14-25.

Gillen, P. and D. Ghosh. (2007) *Colonialism & Modernity*. New South Wales: University of New South Wales Press Ltd.

Gilman, S. L. (1985) *Difference and Pathology: Stereotypes of Sexuality, Race, and Madness.* Ithaca: Cornell University Press.

Glasberg, D. S. (1989) *The Power of Collective Purse Strings*: *the Effects of Bank Hegemony on Corporations and the State*. Berkeley, Los Angeles and London: University of California Press.

Glasco, B. (2010) *Constructing Mexico City: Colonial Conflicts over Cultures, Space, and Authority*. New York: Palgrave Macmillan.

Gogan, I. "The Role of Hospital in the Prevention of Disease," in *Canadian Journal of public Health,* Vol. 52, pp. 431-436.

Goodstadt, L. F. ([2005] 2012) *Uneasy Partners*: *The Conflict between Public Interest and Private Profit in Hong Kong*. Hong Kong: Hong Kong University Press.

Greed, C. (2003) *Inclusive Urban Design*: *Public Toilets*. Oxford: Architectural Press.

H

Habermas, J. ([1973] 1989) *Legitimation Crisis*. Cambridge: Polity Press.

Hamlin, C. (1988) William Dibden and the Idea of Biological Sewage Treatment. In *Technology and Culture*, XXIX/2, pp. 189-218.

Harris, P. (1978) *Hong Kong: A Study in Bureaucratic Politics*. Hong Kong: Heinemann Asia.

Headrick, D. R. (2010) *Power over Peoples*: *Technology, Environments, and Western Imperialism, 1400 to the Present*. Princeton and Oxford: Princeton University Press.

Ho, P. S. (1978) *Economic Development of Taiwan, 1860-1970*. New Haven and London: Yale University Press.

— — (1984) "Colonialism and Development: Korea, Taiwan, and Kwantung," in Myers, R. H. and M. R. Peattie (eds.) *The Japanese Colonial Empire*, 1895-1945, pp. 347-398. New Jersey: Princeton University Press.

Holdsworth, M. and C. Munn (2012) *Dictionary of Hong Kong Biography*. Hong Kong: Hong Kong University Press.

Home, R. (1997) *Of Planting and Planning: the Making of British Colonial Cities*. London: E & FN Spon.

Hosagrahar, J. (2005) *Indigenous Modernities: Negotiating Architecture and Urbanism*. London and New York: Routledge.

Hui, P. K. (1999) "Comprador Politics and Middleman Capitalism," in Ngo, T. W. (ed.) *Hong Kong's History: State and Society under Colonial Rule*, pp. 30-45. London and New York: Routledge.

Hughes, R. (1968) *Hong Kong: Borrowed Place - Borrowed Time*. London: Andre Deutsch Ltd.

I

Illchman, W. E. and N. T. Uphoff (1998) *The Political Economy of Change*. New Brunswick and London: Transaction Publishers.

J

Jackson, L. (2014) *Dirty Old London: The Victorian Flight against Filth*. New Haven: Yale University Press.

K

Kavanagh, D. and P. Morris (1989) *Consensus Politics from Attlee to Thatcher*. Oxford: Basil Blackwell.

Kearney, P. (1985) *The Glasgow Cludgie: A History of Glasgow's Public Conveniences*. Newcastle Upon Tyne: People's Publications.

Kidambi, P. (2007) *The Making of an Indian Metropolis: Colonial Governance and Public Culture in Bombay, 1870-1920*. UK: Ashgate.

King, A. D. (1990). *Urbanism, Colonialism, and the World-Economy: Cultural and Spatial Foundations of the World Urban System*. London: Routledge.

King, F. H. (1911) *Farmers of Forty Centuries, or, Permanent Agriculture in China, Korea and Japan*. Madison, Wis: Mrs. F. H.

King.

King, Y. C. (1975) "Administrative Absorption of Politics in Hong Kong: Emphasis on the Grass Roots Level," in *Asian Survey*, Vol. 15, No. 5, pp. 422-439.

Kisacky, J. SU. (2017) *Rise of the Modern Hospital: An Architectural History of Health and Healing, 1870-1940*. Pittsburgh, PA: University of Pittsburgh Press.

Knowles, L. C. A. (1924) *The Economic Development of the British Overseas Empire*. London: George Routledge & Son, Ltd.

L

Lau, S. K. (1982) *Society and Politics in Hong Kong*. Hong Kong: The Chinese University Press.

Lau, Y. W. (2002) *A History of the Municipal Councils of Hong Kong, 1883-1999: From the Sanitary Board to the Urban Council*. Hong Kong: Hong Kong Leisure and Cultural Services Department.

Law, W. S. (2009) *Collaborative Colonial Power: The Making of the Hong Kong Chinese*. Hong Kong: Hong Kong University Press.

Lefebvre, H. (1991) *The Production of Space*. Translated by Nicholson-Smith, D. Oxford: Blackwell.

Lethbridge, H. J. (1978) *Hong Kong: Stability and Change: A Collection of Essay*. Hong Kong: Oxford University Press.

Leung, K. P. ([1990] 1992) "Power and Politics: A Critical Analysis," in Leung, K. P. (ed.) *Social Issues in Hong Kong*, pp.13-26. Hong Kong: Oxford University Press.

Lerner, D. ([1958] 1966) *The Passing of Traditional Society: Modernizing the Middle East*. New York: The Free Press.

Levine, P. (1999) "Modernity, Medicine and Colonialism: The Contagious Diseases Ordinances in Hong Kong and the Straits Settlements," in Burton, A. (ed.) *Gender, Sexuality and Colonial Modernities*, pp. 35-48. London and New York: Routledge.

Li, S. J. (2009) "Discovering 'The Secrets of Long and Healthy Life': John Dudgeon on Chinese Hygiene," in *Social History of Medicine*, pp. 21-37.

Logan, J. R. and H. L. Molotch (1987) *Urban Fortunes: the Political Economyc of Place*. Berkeley: University of California Press.

Lyons, M. (1988) "Sleeping Sickness, Colonial Medicine and Imperialism: Some Connections in the Belgian Congo," in Macleod, R. and M. Lewis (eds.) *Disease, Medicine, and Empire: Perspectives on Western Medicine and the Experience of European Expansion*, pp. 242-256. London and New York: Routledge.

M

Ma, N. (2007) *Political Development in Hong Kong: State, Political Society, and Civil Society*. Hong Kong: Hong Kong University Press.

Macpherson, K. (1987) *A Wilderness of Marshes: The Origins of Public Health in Shanghai, 1843-1893*. Hong Kong, Oxford and New York: Oxford University Press.

Manderson, L. (1996) *Sickness and the State: Health and Illness in Colonial Malaya, 1870-1940*. Hong Kong: Cambridge University Press.

Marx, K. ([1963] 1991) *The Eighteenth Brumaire of Louis Bonaparte*. New York: International Publishers.

Mazlish, B. (2004) *Civilization and its Content*. California: Stanford University Press.

Mcfarlane, C. (2008) "Governing the Contaminated City: Infrastructure and Sanitation in Colonial and Postcolonial Bombay," in *International Journal of Urban and Regional Research*, 32(2), pp. 415-425.

Melosi, M. V. (2000) *The Sanitary City: Urban Infrastructure in America from Colonial Times to the Present*. Baltimore and London: The John Hopkins University Press.

—— (2005) *Garbage in the Cities: Refuse, Reform, and the Environment*. USA: University of Pittsburgh Press.

Memmi, A. (1967) *The Colonizer and the Colonized*. Boston: Beacon Press.

Migdal, J. S. (1988) *Strong Societies and Weak States: State-Society relations and State Capabilities in the Third World*. New Jersey: Princeton University Press.

Miliband, R. ([1969] 1973) *The State in Capitalist Society: The Analysis of the Western System of Power*. London: Quarter Books Limited.

— — (1983) *Class Power & State Power*. London: Verso Editions.

Milward, R. (2000) "Urban Government, Finance and Public Health in Victorian Britain" in Morris, R. J. & R. H. Trainor (eds.) *Urban Governance: Britain and Beyond since 1750*, pp. 47-68. Aldershot ; Burlington, VT: Ashgate.

Mills, C. W. ([1956] 1971) *The Power Elite*. New York: Oxford University Press.

Mills, L. A. (1942) *British Rule in Eastern Asia: A Study of Contemporary State and Economic Development in British Malaya and Hong Kong*. London: Oxford University Press.

Munn, C. ([2001] 2011) *Anglo-China: Chinese People and British Rule in Hong Kong, 1841-1880*. Hong Kong: Hong Kong University Press.

N

Ngo, T. W. (1999) "Colonialism and Hong Kong Revisited," in Ngo, T. W. (ed.) *Hong Kong's History: State and Society under Colonial Rule*, pp. 1-12. London and New York: Routledge.

— — (2000) "Changing State - Business Relations and the Governance of Hong Kong," in Ash, R. P. Ferdinand, B. Hook and R. Porter (eds.) *Hong Kong in Transition: The Handover Years*, pp. 26-41. Basingstoke: Macmillan Press; New York: St. Martin's Press.

North, D. C. (1981) *Structure and Change in Economic History*. New York: Norton.

P

Pelling, M. (1978) *Cholera, Fever and English Medicine, 1825-1865*. London and Worcester: Oxford University Press.

Pennell, W. V. (1961) *History of the Hong Kong General Chamber of Commerce, 1861-1961*. Hong Kong: Cathay Press.

Penner, B. (2013) *Bathroom*. London: Reaktion Books Ltd.

Perrins, R. J. (2005) "Doctors, Disease, and Development: Engineering Colonial Public Health in Southern Manchuria, 1905-1926," in Low, M. (ed.) *Building a Modern Japan: Science, Technology, and Medicine in the Meiji Era and Beyond*, pp. 103-132. New York: Palgrave Macmillan.

Peters, B. G. (1998) ", 'With a Little Help from our Friends': Public-private Partnerships as Institutions and Instruments," in Pierre, J. (ed.) *Partnerships in Urban Governance: European and American Experiences*, p. 11-33. New York: Palgrave.

Pierre, J. (2011) The Politics of Urban Governance. Houndmills, Basingstoke, Hampshire; New York: Palgrave Macmillan.

Pierre, J. and B. G. Peters (2000) *Governance, Politics and the State*. London: Macmilian Press Ltd.

Polsby, N. W. ([1963] 1980) *Community Power and Political Theory: A Further Look at Problems of Evidence and Inference*. New Haven and London: Yale University Press.

Polu, S. L. (2012) *Infectious Disease in India, 1892-1940: Policy-Making and the perception of Risk*. Hampshire: Palgrave Macmillan.

Porter, D. (1994) "Introduction", in Porter, D. (ed.) *The History of public Health and the Modern State*, pp. 1-44 Amsterdam: Rodopi.

— — (1999) *Health, Civilization and the State: A History of Public Health from Ancient to Modern Times*. London and New York: Routledge.

Pomfret, D. (2013) " "Beyond Risk of Contagion": Childhood, Hill Stations, and the Planning of British and French Colonial Cities," in Peckham, R. and D. M. Pomfret (eds.) *Imperial Contagions: Medicine, Hygiene, and Cultures of Planning in Asia*, pp. 81-104. Hong Kong: Hong Kong University Press.

Poulantzas, N. ([1978] 1980) State Power Socialism. London: Verso.

Prashad, V. (2001) "The Technology of Sanitation in Colonial Delh," in *Modern Asian Studies*, Vol. 35, No. 1, pp.113-155.

Pye, L. W. (1966) *Aspects of Political Development: An Analytic Study*. Boston: Little Brown.

R

Robinson, R. (1972) "Non-European Foundations of European Imperialism: Sketch for a Theory of Collaboration", in Owen, E. R. J. and R. B. Sutcliffe (eds.) *Studies in the Theory of Imperialism*, pp. 117-142. Bristol: Longman.

Rogaski, R. (2004) *Hygienic Modernity: Meanings of Health and Disease in Treaty-port China*. Berkeley: University of California

Press.

Rosen, G. ([1958] 1993) *A History of Public Health*. Baltimore and London: The Johns Hopkins University Press.

Rosenberg, C. E. (1962) *The Cholera Years: The United States in 1832, 1849, and 1866*. Chicago: The University of Chicago Press.

S

Said, E. W. (1978) *Orientalism*. New York: Pantheon Books.

Scott, I. (1989) *Political Change and the Crisis of Legitimacy in Hong Kong*. Hong Kong: Oxford University Press.

Sinn, E. ([2003] 2011) *Power and Charity: A Chinese Merchant Elite in Colonial Hong Kong*. Hong Kong: Hong Kong University Press.

Skocpol, T. ([1979] 1984) *State and Social Revolutions: A Comparative Analysis of France, Russia, and China*. Cambridge: Cambridge University Press.

Slack, P. (1985) *The Impact of Plague in Tudor and Stuart England*. London, Boston, Melbourne and Henley: Routledge & Kegan Paul.

Smith, A. (1909) *Wealth of Nations: An Inquiry into the Nature and Causes of the Wealth of Nations*. New York: P F Collier & Son.

Smith, C. T. (1971) "The Emergence of a Chinese Elite in Hong Kong," in *Journal of the Royal Asiatic Society Hong Kong Branch*, Vol. 11, pp. 74-115.

— — (2005) Chinese Christians: Elites, Middlemen, and the Church in Hong Kong. Hong Kong: Hong Kong University Press.

So, Y. (1986) *The South China Silk District: Local Historical Transformation and World-System Theory*. Albany: State University of New York Press.

Stoker, G. (1998) "Public-Private Partnerships and Urban Governance," in Pierre, J. (ed.) *Partnerships in Urban Governance: European and American Experiences*, p. 34-51. New York: Palgrave.

T

Taylor, A. J. (1974) *Laissez-faire and State Intervention in Nineteenth-century Britain*. Hong Kong: The Macmillan Press Ltd.

Thomas, N. (1994) *Colonialism's Culture: Anthropology, Travel and State*. UK: Polity Press.

Thompson, E. P. (1983), "Class Consiousness" in R. S. Neale (ed.) *History and Class*, pp. 114-142. Oxford: Basil Blackwell.

Tignor, R. (1966) *Modernization and British Colonial Rule in Egypt, 1882-1914*. New Jersey: Princeton University Press.

Trocki, C. A. (2006) *Singapore: Wealth, Power and the Culture of Control*. Oxon: Routledge.

Tsai, J. F. (1993) *Hong Kong in Chinese History: Community and Social Unrest in the British Colony: 1842-1913*. New York: Columbia University Press.

V

Vaughan, M. (1991) *Curing their Ills: Colonial Power and African Illness*. UK: Polity Press.

W

Wallerstein, I. (1974) *Capitalist Agriculture and the Origins of the European World-Economy in the Sixteenth Century*. New York: Academic Press.

Watts, S. (1997) *Epidemics and History: Disease, Power and Imperialism*. New Haven and London: Yale University Press.

Weiss, L. (1998) *The Myth of the Powerless State*. Cambridge: Polity Press.

Wohl, A. S. (1983) *Endangered Lives: Public Health in Victorian Britain*. Cambridge and Massachusetts: Harvard University Press.

Wong, C. Y. (1995) *Proto-Industrialization and the Silk Insudtry of the Canton Delta, 1862-1934*. Michigan: University of Wisconsin-Madison.

Woolf, L. (1928) *Imperialism and Civilization*. New York: Harcourt, Brace and Company.

X

Xue, Y. (2005) " "Treasure Nightsoil as if it were Gold:" Economic and Ecological Links between Urban and Rural Areas in Late Imperial Jiangnan," *Late Imperial China*, Vol. 26, No. 2, pp. 41-71.

Y

Yeo, I. S. (2008) "A History of Public Health in Korea," in Lewis, M. J. and K. L. Macpherson (eds.) *Public Health in Asia and the Pacific: Historical and Comparative Perspectives*, pp. 73-86. London and New York: Routledge.

Yeoh, S. A. (1996) *Contesting Space: Power Relations and the Urban Built Environment in Colonial Singapore*. Kuala Lumpur: Oxford University Press.

Yip, K. C. (2009) "Colonialism, Disease, and Public Health: Malaria in the History of Hong Kong", in Yip, K. C. (ed.) *Disease, Colonialism, and the State: Malaria in Modern East Asian History*, pp. 11-30. Hong Kong: Hong Kong University Press.

—— (2012) "Science, Culture, and Disease Control in Colonial Hong Kong," in Bu, L. P, D. H. Stapleton and K. C. Yip (eds.) *Science, Public Health and the State in Modern Asia*, pp. 15-32. London and New York: Routledge.

Yu, X. Z. (2010) "The Treatment of Nightsoil and Waste in Modern China", in Leung, K. C. and C. Furth (eds.) *Health and Hygiene in Chinese East Asia: Policies and Publics in the Long Twentieth Century*, pp. 51-72. Durham and London: Duke University Press.

Z

Zarobell, J. (2010). *Empire of Landscape: Space and Ideology in French Colonial Algeria*. University Park, Pa: Pennsylvania State University Press.